Coleção Dramaturgia

MATÉI VISNIEC

Biblioteca teatral

Impresso no Brasil, março de 2013

Título original: *Enquête sur la Disparition d'un Nain de Jardin*
Copyright © Lansman/Théâtre de la Digue/Urgence de la jeune parole

Os direitos desta edição pertencem a
É Realizações Editora, Livraria e Distribuidora Ltda.
Caixa Postal: 45321 · 04010 970 · São Paulo SP
Telefax: (5511) 5572 5363
e@erealizacoes.com.br · www.erealizacoes.com.br

Editor
Edson Manoel de Oliveira Filho

Gerente editorial
Juliana Rodrigues de Queiroz

Produção editorial
Liliana Cruz
William C. Cruz

Capa e projeto gráfico
Mauricio Nisi Gonçalves / Estúdio É

Preparação de texto
Marcio Honorio de Godoy

Revisão
Danielle Mendes Sales

Pré-impressão e impressão
Gráfica Vida & Consciência

Reservados todos os direitos desta obra. Proibida toda e qualquer reprodução desta edição por qualquer meio ou forma, seja ela eletrônica ou mecânica, fotocópia, gravação ou qualquer outro meio de reprodução, sem permissão expressa do editor.

Pesquisa sobre o DESAPARECIMENTO de um Anão DE JARDIM

MATÉI Visniec

TRADUÇÃO: LUIZA JATOBÁ

SUMÁRIO

Nota do autor | 7

As Personagens | 9

**PESQUISA SOBRE O DESAPARECIMENTO
DE UM ANÃO DE JARDIM** | 11

Cenas Suplementares | 65

Comentários na Mídia | 79

Páginas Escritas pelos Alunos | 81

NOTA DO AUTOR

Faz dez anos que queria escrever um texto sobre "os anões de jardim"... Minha inspiração veio de uma série de notícias de jornal sobre jovens que queriam "ridicularizar esse grupo de estátuas" supostamente feitas para enfeitar nosso ambiente mais imediato. Por razões ligadas ao mistério da gestação de toda obra, adiava o projeto, ao mesmo tempo que acumulava anotações e cenas dispersas.

Retomei a ideia depois de encontrar, em Toulouse, com Dominique Mercier, diretor artístico do Teatro de La Digue, e com o diretor Jean-Pierre Beauredon, que me propuseram participar, como autor, de uma oficina de teatro e de escrita dramática para adolescentes de 15 a 19 anos. Por que não falar "do mundo dos humanos visto pelos anões de jardim"?

Os alunos entraram totalmente no jogo. Escreveram coisas excelentes, assumindo alternativamente o ponto de vista dos anões e dos donos dos anões. Eu mesmo escrevi inspirado por eles, por suas reações e comentários, assim como por suas improvisações quando dos encontros de trabalho com Jean-Pierre Beauredon.

Finalmente, decidi propor um texto com uma estrutura variável, um texto construído como um templo budista no qual os vários andares estão à disposição de todo encenador em potencial.

- O texto-base é formado por nove cenas e oferece um material já estruturado pelo autor para um espetáculo de mais ou menos uma hora.
- Dez cenas curtas suplementares (concebidas como testemunhos) convidam o potencial encenador a construir um edifício ainda mais nuançado com as novas pistas que quase apagam a fronteira entre o sonho e a realidade.
- Três textos extraídos de jornal estão disponíveis para os encenadores que quiserem colocar trechos de linguagem jornalística no seu espetáculo.
- Enfim, umas vinte páginas escritas pelos alunos que participaram da oficina "Urgência da Palavra Jovem" oferecem material adicional de grande vitalidade que os diretores podem explorar para enriquecer e completar a montagem do seu espetáculo.

Devo acrescentar também que, na cena quatro e na cena oito, incorporei vários pedaços escritos pelos alunos: são as falas sobre "os sofrimentos e as desventuras dos anões" que decidem abandonar seus mestres. Faço questão de elogiar o bom trabalho de escrita dramática alcançado pelos alunos, que souberam falar, através dos anões, de certos males, formas de loucuras e angústias que assombram nossa sociedade. O olhar lúcido e lúdico lançado por esses jovens sobre o mundo só confirmou que a escrita permanece um potente meio de resistência contra a lavagem cerebral e contra a transformação do cidadão em dócil presa da sociedade de consumo.

Matéi Visniec

AS PERSONAGENS

Uma dúzia de adolescentes, garotos e garotas:

GAROTO 1 (FELIPE)

GAROTO 2 (ERIC)

GAROTO 3 (MATEUS)

GAROTO 4 (BASILE)

GAROTA 1 (FLORÊNCIA)

GAROTA 2 (MARIA)

GAROTA 3 (ELEONORA)

GAROTA 4 (TALLY)

GAROTA 5 (MATILDE)

GAROTA 6 (LOLA)

GAROTA 7 (JOELLE)

GAROTA 8 (MACHA)

A MÃE

O ANÃO COM UM CARRINHO DE MÃO

O ANÃO COM A CESTA

O ANÃO COM O CHAPÉU MEXICANO

O ANÃO COM UM BLOCO DE NOTAS

O APRESENTADOR

A APRESENTADORA

O PRESIDENTE DA REPÚBLICA

VÁRIOS LÍDERES DA OPOSIÇÃO

VÁRIOS PROPRIETÁRIOS DOS ANÕES

O ESPECIALISTA EM ANÕES

O CAMPONÊS

O FILÓSOFO

Papéis intercambiáveis

*

Pesquisa sobre o Desaparecimento de um Anão de Jardim foi encomendada pelo Teatro LA DIGUE e pela companhia "Beaudrain de Paroi", que é dirigida por Jean-Pierre Beauredon.

Este texto nasceu de uma oficina dirigida por Matéi Visniec e Jean-Pierre Beauredon com um grupo de adolescentes da região de Toulouse, no período de setembro de 2007 a maio de 2008.

Essa oficina corresponde à missão de sensibilização para a escrita criativa e para as formas teatrais contemporâneas confiada ao Teatro LA DIGUE de Toulouse (31) pelo conselho Regional dos Médios-Pirineus.

A peça foi apresentada pela primeira vez no Teatro LA DIGUE em 16 de maio de 2008 sob a direção de Jean-Pierre Beauredon.

Com Sabrina Chakour, Anaïs Chapouis, Juliet Doucet, Carine Ferrer, Alexandre Gayan, Malick Gueye, Caué Marins-Araujo, Yann Motreff, Maud Mouysset, Eeva Nordström, Sophie Puig, Amélie Saint-Cricq e Fiona Torre.

À noite, no jardim da casa de Tally.

Escuta-se ao longe uma música "disco".
Felipe acompanha Tally até sua casa. Ele ainda está ensaiando alguns passos de dança. De repente, descobre no jardim um anão com um carrinho de mão.

FELIPE: O que é isso?

TALLY: É um anão de jardim.

FELIPE: Mas... como ele chegou aí?

TALLY: Foi meu pai que comprou.

FELIPE: Quando foi isso?

TALLY: Faz dois dias.

FELIPE: Não gosto disso.

TALLY: O quê?

FELIPE: Não é justo.

TALLY: O quê?

FELIPE: Poder comprar anões.

TALLY: Mas é decorativo.

FELIPE: Para ele, não é decorativo.

TALLY: Felipe, você deve estar brincando.

FELIPE: Tô falando sério.

(*Felipe se aproxima do anão. Coloca seu capacete no carrinho de mão do anão. Tira os óculos e coloca-os sobre o nariz do anão.*)

FELIPE: Tally...

TALLY: Sim.

FELIPE: Esse anão aí...

TALLY: Esse anão aí, o quê?

FELIPE: Ele está olhando pra gente.

TALLY: E daí?

FELIPE: Ele não está com uma cara muito feliz.

TALLY: Que nada, ele está feliz.

FELIPE: Como você sabe que ele está feliz?

TALLY: Porque meu jardim é bonito.

FELIPE: Isso não tem nada a ver com seu jardim.

TALLY: Tem, sim. Ele foi feito para viver em jardim.

FELIPE: Não, Tally, ele foi feito para viver na floresta. Os anões, os gnomos, os duendes, os diabinhos foram feitos para viver na floresta.

TALLY: Que besteira, Felipe. Esse anão aí é um anão de jardim, não é um anão de verdade.

FELIPE: É, sim. Esse anão sou eu.

(*Escuta-se a voz da mãe de Tally.*)

A MÃE DE TALLY: Tally, Tally, onde você está?

TALLY: Pronto, tenho que entrar. Minha mãe está me chamando.

FELIPE: Ele tem a minha expressão... Ele é tão desajeitado quanto eu... Tally, por favor, temos que lhe devolver a liberdade...

TALLY: Tchau! E não toque no anão do meu pai!

FELIPE: Tally, devolva minha liberdade... Diga a seu pai para me deixar partir para a floresta...

TALLY: Para com isso, vai pra casa, seu palhaço...

Felipe, Eric, Florência, Maria, Eleonora.

FELIPE: Venham... Vou ensinar um jogo a vocês.

FLORÊNCIA: Que jogo?

FELIPE: Vamos brincar de anões de jardim.

ERIC: Brincar de quê?

FELIPE: Vamos fingir que somos anões de jardim.

MARIA: Tem anãs de jardim também?

FELIPE: Tem.

ELEONORA: Então, o que temos que fazer?

FELIPE: A gente faz de conta que é anão de jardim. É de noite, todo mundo foi dormir e nós... A gente começa a conversar...

MARIA (*entra no jogo*)**:** Boa noite, meu anãozinho... Tudo bem?

FELIPE: Não, não estou bem mesmo.

MARIA: Mas o que aconteceu?

FELIPE: Mas você não viu que dia horrível eu tive?

MARIA: Não, não vi nada.

FELIPE: Você não viu como o cachorro da casa, essa horrível criatura que não cessa de nos espionar, pegou o costume de urinar nos meus pés?

MARIA: É mesmo?

FELIPE: Sim. Já há alguns dias ele faz pipi nos meus pés.

ERIC: Ele deve estar com ciúmes.

FELIPE: Com ciúmes?

ERIC: Como o dono da casa gosta muito de você, o cachorro deve se sentir um pouco frustrado.

FELIPE: Ele é besta, esse cachorro. Olha só, agora, tenho vontade de vomitar. Sinto a urina do cachorro mais idiota do mundo. Não é nem a urina de um cachorro simpático.

ELEONORA: Quem sabe vai chover? E aí a chuva vai lavar tudo.

FELIPE: De todo modo, ele vai voltar, tenho certeza. Ele faz de mim seu lugar de fazer pipi.

FLORÊNCIA: Não fique triste, meu fofo. Vai passar. Os anões de jardim vivem muito mais tempo que os cachorros. É a nossa vantagem.

FELIPE: Mas não é só o cachorro que me chateia. Tem também...

(*Uma porta se abre, passos, uma voz de homem.*)

O DONO DO ANÃO: Quem está aí?

FELIPE: Vamos embora...

À noite, Felipe e Tally abraçados no jardim, com uma coberta nas costas.

FELIPE: Espera.

TALLY: Estou com frio.

FELIPE: Eles também.

TALLY: Não acho, não.

FELIPE: Claro, eles também, eles também sentem frio.

TALLY: Não acho que um anão de jardim possa sentir frio.

FELIPE: Sentem, sim. Todos eles sentem frio. Vocês têm que entender que eles são como nós. Quando sentimos frio, eles também sentem.

TALLY: Não acredito que os anões de jardim são como nós. E, de todo modo, meu pai está bravo com você. Você trouxe todos os seus amigos aqui para zombar dos anões dele.

FELIPE: Tally, cale a boca!

(*Pausa. Felipe tenta aquecer Tally.*)

TALLY: Minhas pernas estão endurecidas. Não aguento mais.

FELIPE: Espera mais um pouco.

TALLY: E acho que você está louco. Chega.

FELIPE: Escute aqui, acho que o seu pai é que é mais...

TALLY: Que é mais o quê?

FELIPE: Bem... Quero dizer...

TALLY: Você quer dizer...

FELIPE: Ele não está muito bom da cuca... Primeiro ele comprou um anão, depois dois, depois cinco e aí mais nove...

TALLY: E daí?

FELIPE: Seu jardim não é mais um jardim. Virou uma prisão...

TALLY: Ai, ai... Vai embora... Você está me irritando.

FELIPE: Tally, escute, você nunca vai poder ser aceita por eles se não tiver compaixão pelo sofrimento deles!

TALLY: Mas eu não quero ser aceita pelos anões do meu próprio jardim!

FELIPE: Tally!

TALLY: Sim?

FELIPE: Você jurou ir até o fim.

TALLY: Sim, mas...

FELIPE: Preciso de você, Tally.

TALLY: Mas você me prometeu que a gente ia sair.

FELIPE: Esses seres precisam da gente.

TALLY: Os anões de jardim não são seres.

FELIPE: São, sim.

TALLY: Não são, não.

FELIPE: Tally, somos os únicos que podemos fazer alguma coisa por eles.

TALLY: Não acredito que eles queiram que a gente faça alguma coisa por eles.

FELIPE: Tally, você não escuta os gritos deles? Estão desesperados...

TALLY: Não escuto grito nenhum.

FELIPE: E o silêncio, você escuta?

TALLY: O silêncio não é um grito.

FELIPE: O silêncio, que é o silêncio deles, é uma forma de grito.

TALLY: Eu não ouço nada de nada, nem silêncio nem grito, só suas besteiras.

FELIPE: Tally, esses seres aí falam com a gente, você não se dá conta de que eles falam com a gente?

TALLY: Tenho medo.

FELIPE: Por que você tem medo?

TALLY: Estou ficando com medo de você.

FELIPE: Por que você tem medo de mim?

TALLY: Porque você exagera. É isso. E a nossa noite também foi perdida... Agora vou dormir, já estou indo.

FELIPE: Tally, espere mais uns dez minutos.

TALLY: Por quê?

FELIPE: Porque outros anões vão chegar.

TALLY: Não estou entendendo...

FELIPE: Todos os anões do vilarejo têm um encontro aqui hoje.

TALLY: Como é que você sabe?

FELIPE: Porque hoje é lua cheia.

TALLY: E daí?

FELIPE: Sempre se encontram uma vez por mês, no seu jardim, na noite de lua cheia.

TALLY: Para fazer o quê?

FELIPE: Para relaxar um pouco.

TALLY: E o que que eles fazem para relaxar?

FELIPE: Eles fazem uma roda em volta de um círculo imaginário. Depois eles tiram os sapatos.

TALLY: Por quê?

FELIPE: Não sei. Talvez porque tenham dor no pé, por passar sua vida de pé.

TALLY (*ela tira os sapatos*): E depois?

FELIPE: E o círculo imaginário se torna um pequeno lago redondo cheio de água morna. Então eles colocam os pés na água e começam a cochichar... Tally... Tally, você dormiu?

Felipe e todos os seus amigos.

JOELLE: Então, o que fazemos?

FELIPE: Vamos aprender a nos revoltar.

MACHA: Não estou entendendo.

FELIPE: Somos todos anões, certo? Então vamos fazer uma roda e vamos fazer as apresentações. Quem começa?

MATEUS: Um, dois, três, quatro, cinco... Droga, um, dois, três, quatro, cinco, seis, sete, oito... Essa é minha vida... Renault, Peugeot, Volkswagen, Toyota, Toyota, Toyota... Ah, enfim um Renault! Uau! Opa! Mais raro, Ferrari... Peugeot, Volkswagen, Renault... Ei! Você aí, humano, chega desse sorriso besta. Dez anos agora sem ter me mexido, homem camiseta verde, mulher calcinha fio-dental roxa, garoto jovem se arrumando, ah, lá vem a mulher do patrão... Dizem que os anões são mágicos, muito bem, onde está a tal magia? Clic, clac, clic, clac... Seis e meia, toca o despertador, sete e quinze, o homem sobe no carro, sete e dezesseis, abre a porta e parte... E além do mais uso um chapeuzinho vermelho na cabeça e sou terrivelmente feio.

ERIC: Isso é verdade...

MATEUS: Até a expressão do meu rosto é desagradável.

ELEONORA: Deixe-me ver... Ai, isso é verdade também...

MATEUS: Assim como sou, me detesto profundamente...

FELIPE: É uma boa conclusão. Olha só o que a gente vai fazer: toda vez que eu estalar os dedos, a gente repete isso em coro.

(*Ele estala os dedos.*)

TODOS: Assim como sou, me detesto profundamente.

FELIPE: O ano seguinte.

JOELLE: Me apresento. Me chamo Acácia e sou uma anã florista. Vivo no jardim de uma família simpática que adora a natureza, as árvores, as plantas, as flores... Mas esse é o meu problema: sou alérgica a flores e ao seu pólen.

TODOS OS ANÕES: Nós também!

JOELLE: Trago nos meus braços um enorme buquê de flores que me pica os olhos, o nariz e as orelhas durante o dia e a noite. Na boa, vamos combinar que é o cúmulo para uma anã florista ser alérgica a flores! E, além do mais, tem uma grande árvore ali, que me olha o dia todo dando uma risadinha... Essa aí me atormenta mais do que tudo... Ainda por cima ela tem, na extremidade dos seus galhos, milhões de flores brancas e rosas, como se fossem milhões de pequenos leques... E quando chega a primavera eu quase morro...

MATEUS: Pobrezinha da anã florista... Venha me dar um abraço...

(*Eles se abraçam.*)

LOLA: E eu sou uma anã no cesto. E já estou cansada! No começo, ainda me divertia, mas, agora, tornou-se um verdadeiro calvário. Isso já dura três anos e não aguento mais. Esse jardim é um inferno. Ninguém corta essa grama e acontece de as ervas-daninhas chegarem até os meus joelhos. Vira então uma escada bem prática para os insetos subirem em mim. Meu dono teve a infeliz ideia de me colocar perto da cabana dos passarinhos... Santa paciência! Mas o que é que ele pensa? Que são os melros que picam as migalhas de pão? Claro que não, são as formigas devoradoras! Droga, odeio formigas. Não tem pesadelo pior!

TODOS: Odiamos as formigas, odiamos as formigas!

LOLA: Elas fizeram um complô contra mim. Elas se infiltram e invadem todo o meu corpo... Sinto sua comoção, correndo por todo lado, a todo vapor, para me deixar louca! Droga! Eu, com minhas muitas cócegas, sofro mesmo. E elas, essas pestinhas, só se divertem. Todo um exército contra uma pobre anãzinha com cócegas. Ai, ai, que sina! É muito fácil fazer cócegas numa pobre anã indefesa. À noite, escuto suas conversas... "Amanhã vamos pegar pesado com a anãzinha, é divertidíssimo..." Blá, blá, blá...

MATEUS: Ah, Lola, minha pobre anãzinha, venha aqui me dar um abraço...

FELIPE: Pare com isso, Mateus, de ficar abraçando todas as anãs. Continuando... Basile...

BASILE: Me chamo Plok ... Por que esse nome tão estranho, vocês devem estar pensando. Porque meus donos me colocaram entre dois irrigadores automáticos que funcionam três vezes por dia! Ironia da sorte, estou bem no meio do entrecruzamento dos jatos, portanto sou duplamente encharcado. Pouco a pouco, minhas cores vão sumindo e logo logo vão desaparecer totalmente... Estou sempre molhado, ou pela chuva ou pelos irrigadores... Meus amigos brincam comigo e me deram o apelido de Plok, pois deixo sempre um longo rastro de água atrás de mim...

TODOS: Plok, Plok, Plok...

FELIPE: Ótimo... Vamos guardar essa frase-chave... Ninguém quer viver entre dois irrigadores... Quando eu plok duas vezes... Digo, quando eu estalar os dedos duas vezes... Vocês repetem...

(*Felipe estala os dedos uma vez.*)

TODOS: Assim como sou, me detesto profundamente...

(*Felipe estala os dedos duas vezes.*)

TODOS: Ninguém quer viver entre dois irrigadores.

MACHA, FLORÊNCIA E TALLY: Nosso dono é padeiro e somos três anãs cozinheiras preparando massas frescas vinte e quatro horas por dia...

MACHA: Sentadas em volta de uma mesa-cogumelo...

FLORÊNCIA: Cada uma com seu avental de vovozinha...

TALLY: No meu avental está escrito "Mamãe, minha *chef* adorada"...

MACHA: E no meu avental está escrito "Aos trinta anos a mulher é como a Índia, terna e calorosa"... Meu sonho agora é ir para a Índia para entender o que quer dizer uma mulher de trinta anos.

FLORÊNCIA: E no meu avental está escrito, em inglês, "Help yourself" ["Sirva-se"].

MACHA, FLORÊNCIA E TALLY: Queremos trocar de avental!

ERIC: Minhas pobres anãzinhas, venham aqui para um abraço...

FELIPE: Para com isso! Esse nosso um jogo é bem sério.

ERIC: Sou um anão jogador de cartas. Fico sentado em volta de um tronco de madeira, com dois outros anões jogadores. Cada um de nós tem na mão direita três cartas de jogo e, na mão esquerda, um cachimbo. Coisa estranha, nossos olhares não se encontram, também não se dirigem às cartas. Temos o olhar perdido.

TODOS: Não queremos mais nosso olhar perdido...

BASILE: Sou um anão de gesso pescador...

TALLY: ... em volta de uma poça artificial...

JOELLE: Ao meu lado tem um pato e vários cisnes de cerâmica...

ELEONORA: A água tem uma cor verde porque o fundo do leito feito de cimento da poça artificial foi pintado de verde...

BASILE: Tenho uma linha que seguro com minhas duas mãos, mas a linha não tem fio. Não quero mais ser um anão-pescador que pesca o vazio de sua alma com sua linha sem fio...

MARIA: Sou um anãozinho criança todo enfeitado e colorido, com cara de bobo e mãos grandes sentado num tamanco. O tamanco está pendurado num tapume de madeira. Para mim, a existência é uma queda num precipício. Não posso mais continuar olhando sempre para baixo.

FELIPE: Vamos lá, todos os anões para a manifestação! Vamos fazer uma manifestação na frente de todos os donos de anões!

(*Os jovens "representam" a manifestação dos "anões". Escrevem palavras de ordem nas faixas.*)

FELIPE: Precisamos inventar palavras de ordem fortes. Precisamos mobilizar os anões!

MACHA: Chega de comédia de jardim!

ERIC: Não queremos mais ser anões da solidão!

TALLY: A vida é um jardim grotesco. Vamos embora! Adeus!

FLORÊNCIA: Ser um anão que embeleza o tédio, não, obrigada!

ELEONORA: Ser um anão que enriquece a pobreza, não, obrigada!

BASILE: Ser um anão que acompanha a solidão, não, obrigado!

LOLA: Não quero mais alegrar a monotonia da vida dos meus donos...

TODOS: Não queremos mais esse ar de felicidade por estar aqui.

MATEUS: Queremos estar em outro lugar! Tenho o direito de estar em outro lugar!

TODOS: Sim, queremos partir, queremos estar em outro lugar, queremos partir...

FELIPE: Tudo bem, mas para onde?

> A voz de uma menininha de quatro ou cinco anos:
> "Mamãe, mamãe, Felipe tem um anão.
> Ele diz que é a babá dos anões de jardim…".

A MÃE: Felipe!

FELIPE: Sim.

A MÃE: Onde você está?

FELIPE: Estou aqui.

A MÃE: Mas o que você está fazendo?

FELIPE: Eu…

A MÃE: Mas o que é isso?

FELIPE: É um anão de jardim.

A MÃE: Mas…

FELIPE: Mas o quê, mamãe?

A MÃE: Mas… Onde você o encontrou?

FELIPE: Eu o roubei.

(*A mãe levanta a mão para dar um tapa em Felipe.*)

FELIPE: Foi só por uma noite...

A MÃE: Felipe, onde você encontrou esse anão de jardim?

FELIPE: Eu o encontrei num jardim.

A MÃE: Que jardim?

FELIPE: Um jardim abandonado na saída da cidade.

A MÃE: Vá devolver esse anão, essa coisa aí, imediatamente, de onde você tirou.

FELIPE: Tudo bem, mamãe, mas é um jardim abandonado.

A MÃE: Felipe!

FELIPE: Eu só queria mudar um pouco a carinha dele.

A MÃE: Não mexe em nada e devolve ele ao jardim.

FELIPE: Você não está vendo como ele tem uma cara de bobo? Não é justo...

TALLY: O problema do Felipe é que ele acredita de verdade que os anões de jardim são... Xiuuu, ele está chegando...

(*Felipe chega com todos os seus amigos.*)

FELIPE: Esta noite vamos gravar todos os ruídos da noite e do jardim. Para que os anões nos aceitem, temos que compreender a linguagem da noite.

TALLY: Três minutos para a meia-noite.

ELEONORA: Todas as luzes se apagam.

BASILE: Barulhos de venezianas se fechando em algum lugar.

TALLY: Meia-noite em ponto.

JOELLE: O sistema de irrigação é acionado...

JULIETE: Durante quinze minutos escuta-se a música da água jorrando na grama, nos arbustos da groselheira, nas roseiras...

TALLY: Meia-noite e quinze...

MARIA: Um outro sistema de irrigação é acionado no jardim vizinho...

ELEONORA: E é seguido por outros, mais ao longe...

FLORÊNCIA: A uma hora todos os sistemas de irrigação param.

ERIC: De repente, os grilos amplificam seu coral.

TALLY: Uma e meia da manhã.

MATEUS: O grito de um passarinho.

FLORÊNCIA: Um cachorro late ao longe.

MATILDE: Um outro cachorro responde.

LOLA: Uma leve brisa embala as folhas da oliveira.

TALLY: Uma e trinta e dois...

FELIPE: Um figo cai na relva... Na verdade, acaba de cair bem no meu nariz.

TALLY: Uma e trinta e cinco...

MACHA: Um galho de macieira em queda livre de cinco milímetros vergando bruscamente ao peso da maçã que tomou sol demais durante o dia...

FELIPE: Ruídos e agitos entre duas e três horas da manhã...

ELEONORA: Um gato atravessa o jardim.

ERIC: Outro miado, que vem de um jardim vizinho.

MARIA: Uma lesma começa a travessia da alameda...

FLORÊNCIA: Um inseto branco, de uma espécie que não conheço, ataca uma azeitona caída no chão e começa a devorá-la.

BASILE: Os grilos param subitamente seu concerto.

LOLA: Escuta-se um gluglu... Pode vir do poço.

MATEUS: Um pedaço de madeira quebra.

FELIPE: Barulhos e movimentos entre três e quatro da madrugada.

MARIA: A lesma chega no meio da alameda e muda de direção.

MACHA: Um verme que dorme dentro de uma maçã tem um pesadelo horrível, acorda, põe a cabeça para fora, toma um primeiro contato com o universo, mas o ar fresco da noite o empurra de volta para a maçã.

JOELLE: Uma gota de água escorre, como uma lágrima, sobre o vidro de uma janela entreaberta.

ERIC: Uma estrela cadente.

TALLY: E todo mundo dorme... E ali... É o inacreditável que se produz! Três anos avançam suavemente...

FELIPE: Param na minha frente, se espreguiçam, massageiam os braços... Viram a cabeça para mim.

(*Os amigos de Felipe dormem. Só Felipe fica conversando com os anões.*)

O ANÃO COM O CARRINHO DE MÃO: Você é novo aqui?

FELIPE: Sim.

A ANÃ COM A CESTA: Como estou cansada!

O ANÃO COM O CHAPÉU MEXICANO: Estranho, eu também... Não fiz muita coisa o dia inteiro, mas estou cansado.

FELIPE: É normal.

O ANÃO COM O CARRINHO DE MÃO: Como você se chama?

FELIPE: Me chamo Felipe.

A ANÃ COM A CESTA: Ah, como isso me irrita, as azeitonas caindo.

O ANÃO COM O CHAPÉU MEXICANO: Nessa época do ano, as azeitonas ficam insuportáveis...

O ANÃO COM O CARRINHO DE MÃO: Pronto, o chão já está todo preto por causa das azeitonas...

A ANÃ COM A CESTA: Elas escurecem tudo, olha só para a grama, as pedras: está tudo preto...

O ANÃO COM O CHAPÉU MEXICANO: Você está vendo aquela bonita laje de pedras ali? É de granito, você está vendo?

FELIPE: Sim.

O ANÃO COM O CHAPÉU MEXICANO: Você vê como está preta?

FELIPE: Sim.

O ANÃO COM O CARRINHO DE MÃO: É por causa das azeitonas.

A ANÃ COM A CESTA: Isso nos deixa furiosos.

O ANÃO COM O CHAPÉU MEXICANO: Não suporto as azeitonas quando estão maduras e começam a cair no meu chapéu!

A ANÃ COM A CESTA: Tenho alergia a essas azeitonas que caem na minha cesta!

O ANÃO COM O CARRINHO DE MÃO: É muito louco, no ano passado caíram 32.467 azeitonas no jardim.

A ANÃ COM A CESTA: Somos obrigados a andar amassando as azeitonas. Não se pode olhar qualquer outra coisa que as azeitonas, paf, aparecem na moldura.

O ANÃO COM O CHAPÉU MEXICANO: Ai, não, não gosto disso. Você gosta de azeitonas, você aí?

FELIPE: Não.

O ANÃO COM O CARRINHO DE MÃO: Olha só, no meu carrinho... Uma, duas, três, quatro, cinco, seis, sete, oito, nove, dez, onze, doze, treze, catorze, quinze, dezesseis, dezessete, dezoito, dezenove, vinte, vinte e uma, vinte e duas, vinte e três, vinte e quatro, vinte e cinco, vinte e seis, vinte e sete, vinte e oito, vinte e nove azeitonas... Vinte e nove azeitonas somente no meu carrinho, que é tão pequeno... Você está vendo só?

A ANÃ COM A CESTA: Você pode imaginar quantas devem ter no resto do jardim?

FELIPE: Sim.

A ANÃ COM A CESTA: Você sabe quantas azeitonas caíram na minha cesta ontem?

FELIPE: Quantas?

A ANÃ COM A CESTA: Diga um número.

FELIPE: Trinta.

A ANÃ COM A CESTA: Trinta e três.

FELIPE: Não pode ser!

O ANÃO COM O CHAPÉU MEXICANO: É, sim, é verdade! E dois dias atrás, você sabe quantas azeitonas caíram no meu chapéu?

FELIPE: Quantas?

O ANÃO COM O CHAPÉU MEXICANO: Diga um número.

FELIPE: Vinte e cinco.

O ANÃO COM O CHAPÉU MEXICANO: Vinte e seis.

FELIPE: Não pode ser!

O ANÃO COM O CHAPÉU MEXICANO: É, sim, é verdade.

O ANÃO COM O CARRINHO DE MÃO: Não, a gente não gosta de azeitonas...

A ANÃ COM A CESTA: Elas escurecem tudo, tudo, tudo.

O ANÃO COM O CHAPÉU MEXICANO: Olhe só! Meu chapéu está todo preto por causa das azeitonas...

FELIPE: Nem tanto...

O ANÃO COM O CARRINHO DE MÃO: Está, sim. Olhe... Olhe minha camisa... Tem uma azeitona que caiu na minha nuca e ficou colada entre o colarinho da minha camisa e minha nuca...

A ANÃ COM A CESTA: É inacreditável... Não, eu estou te dizendo, as azeitonas são uma calamidade... Você sabe quantas azeitonas caíram dentro da minha cesta três dias atrás?

FELIPE: Quantas?

A ANÃ COM A CESTA: Diga um número.

FELIPE: Trinta e três.

A ANÃ COM A CESTA: Pronto, você já está começando a entender.

O ANÃO COM O CARRINHO DE MÃO: Muito bem!

O ANÃO COM O CHAPÉU MEXICANO: Você é novo aqui?

FELIPE: Sou.

O ANÃO COM O CARRINHO DE MÃO (*indo embora*): Cuidado com as azeitonas...

A ANÃ COM A CESTA (*indo embora*): Elas escurecem tudo...

O ANÃO COM O CHAPÉU MEXICANO: Deviam proibir...

(*Ao ficar sozinho, Felipe começa a pular de alegria e a correr por todo o jardim, entre os seus amigos adormecidos.*)

FELIPE: Falei com os anões! Falei com os anões!

TALLY: Pronto, essa é a versão de Felipe. Ele diz que falou com três anões na noite passada. Mas, por enquanto, não se pode saber se é verdade ou não. O jogo de Felipe nos diverte. Todas as noites a gente se encontra no meu jardim para inventar mais outra coisa.

MACHA: Esta noite vamos dizer adeus a nossos mestres. Eles ainda não sabem que alguma coisa gigantesca está para acontecer. Um movimento geral tomou conta da França. Pois bem, sim senhor, a França perde seus anões! Os anões de jardim abandonam a França. Aconteceu um verdadeiro tremor de terra social. Mas, por enquanto, as mídias ainda não perceberam o alcance do movimento. Por enquanto, o que há de concreto são as milhares de cartas de despedida que os donos dos anões vão encontrando em suas caixas de correio ou coladas nas portas ou nas janelas de casa ou até mesmo na tela das televisões...

ELEONORA (*colando algumas cartas de despedida numa porta*)**:**
Uma vida talhando...
Uma vida cortando...
Uma vida irrigando...
Uma vida plantando...
Uma vida saindo...

Depois uma vida entrando...
Uma vida andando sem nunca parar...
Triste condição humana...
Já está mais do que na hora de acabar com esse disparate.

(*Os anões continuam a colar as cartas de despedida por toda parte e até a distribuí-las aos espectadores.*)

MACHA: Oi, amigão. Não suporto mais olhar para sua cara de imbecil.

ELEONORA: Senhoras e senhores, lamento ter que anunciar que, depois de todos esses anos maravilhosos passados a seu lado, eu vou embora.

ERIC E JOELLE (*cantando, em forma de* rap, *acompanhados eventualmente pelos outros*):
Bom dia, humano!
Que belo dia, mano!
Nesse lugar que você tanto venera
Você vai notar um espaço vazio, já era.
Você entenderá então, brejeiro
Que de seus seis anões
Não sobra mais nenhum
Você vai dizer "Foi um sonho que vai acabar amanhã"
E você vai gritar "Caramba, onde estão os anões do meu jardim?"
Todo mundo é traiçoeiro
Tchau, tchau, humano...

MARIA (*distribui a mesma carta a vários espectadores*):
Papai, penso que posso te chamar assim já que você faz tantas coisas para mim...

JOELLE: Foi você que me mudou de lugar milhares de vezes no jardim, você que me pintou e repintou e me deu nova vida durante todos esses anos...

FLORÊNCIA: Papai, tenho que falar, mas vai ser duro para mim dizer isso na sua cara. Vou embora, sei que você me amava, mas veja você... Volto ao país dos anões, lá onde a vida é só felicidade e onde tudo é menor...

MATEUS: Saiba de uma coisa e espalhe a notícia... São milhares como eu a pegar a estrada, um dia talvez você possa compreender meu gesto e não ficar mais bravo comigo.

TODOS: Seu anão de jardim.

Todos, exceto Felipe.

LOLA: Mas onde está Felipe?

MACHA: Não sabemos.

ERIC: Hoje ele cabulou as aulas.

FLORÊNCIA: Ontem também.

BASILE: Felipe desapareceu!

TALLY: E meus anões também! Meu pai está furioso de tanta raiva…

MATEUS: Mas é perfeito! O jogo continua… Felipe partiu com todos os anões da região.

MARIA: É um *scoop!*

ELEONORA: O que é um *scoop?*

MARIA: Uma notícia sensacional… Sentem-se, meus fofos. Vamos assistir à televisão! Quem quer fazer a Claire Chazal? Ninguém? Então faço eu.

MATEUS: E eu sou Patrick Poivre d'Arvor.

(*Maria representa a Apresentadora. Ela imita Claire Chazal. Mateus representa o Apresentador. Ele imita Patrick Poivre d'Arvor.*)

A APRESENTADORA: Boa noite. Entre os assuntos deste jornal, temos uma inacreditável notícia: o desaparecimento de um adolescente de dezesseis anos na região de Toulouse que aparentemente empreendeu uma fuga e foi seguido por todos os anões de jardim da região.

O APRESENTADOR: Convidamos para esse programa, para melhor compreendermos o acontecimento, a mãe de Felipe... Boa noite...

A MÃE: Boa noite...

A APRESENTADORA: Hoje convidamos também um especialista em psicologia de anões de jardim. Boa noite...

MATILDE (*que assume o papel do especialista*): Boa noite...

A APRESENTADORA: E outras pessoas da região, donos de anões, que nessa manhã encontraram seus jardins vazios...

O APRESENTADOR: Mas comecemos com a mãe de Felipe, que queria lhe transmitir uma mensagem...

A MÃE: Felipe... Aqui é sua mãe falando... Se você está me escutando... Por favor... Pare com essa loucura e volte para casa com todos os anões... Já chega... Você sempre foi um pouco insensato, mas... Partir com 342 anões não é nada bom... De verdade... Se você está me escutando, volte para casa, prometo que vou ajudá-lo, vou apoiá-lo sem perguntar nada. Mesmo que eu não compreenda nada, vou apoiá-lo.

A APRESENTADORA: Obrigada, senhora... Vamos dar agora a palavra a vários donos de anões desesperados...

PROPRIETÁRIO DE ANÃO 1: Proprietária de um anão de jardim desde os oito anos, desejo informá-los do seu desaparecimento... Estou preparada para pagar e pagar até muito dinheiro se me devolverem meu anão são e salvo... Porque sou muito apegada ao meu anão... Vivo sozinha, meu marido foi embora, só tenho esse anão na vida... Tinha finalmente encontrado alguém que me escutava, em toda e qualquer situação ele me sorria, ele me olhava como se eu fosse a melhor pessoa do mundo...

PROPRIETÁRIO DE ANÃO 2: Eu, os anões, eu tinha exatamente trinta e dois, são meus filhos, meus queridos, minha ocupação... Eles são a minha vida, amo esses anões e não posso ficar sem eles... Toda noite, é o mesmo ritual, a gente faz uma roda, a gente discute, a gente brinca... Primeiro limpo todos eles, depois comem comigo à mesa, depois pego um por um e os arrumo cuidadosamente na grande cabana. Cada um em sua caminha, são cobertos e abraçados com muito carinho. Não tenho amigos humanos, não gosto dos humanos, meus anões me satisfazem...

PROPRIETÁRIO DE ANÃO 3: Eu tinha três anões, um anão com o carrinho de mão, uma anã com a cesta e um anão com um chapéu mexicano... Entre mim e meus três anões havia uma relação mágica, simbiótica e apaixonada... Eles me adoram, me amam e às vezes até me dizem isso... Eles são minha razão de existir. Sem eles, não sou nada, não existo mais, minha vida acabou...

PROPRIETÁRIO DE ANÃO 4: Meu anão, quero meu anão... Meu anão me faz carinhos e no meio da noite se mete na minha cama... Só ele sabe como me olhar... Ele é bonito, meu anão, vocês sabem, e ele é mágico e sinto por ele um sentimento inexplicável... Meu pequeno anão de jardim é meu melhor amigo, meu amante, meu querido, ele é minha vida... Meu confidente... Meu psicólogo... Meu anjo da guarda... Meu Deus!

A APRESENTADORA: Obrigada, obrigada por seus testemunhos tão tocantes... (*Enxugando uma lágrima.*) Desculpem-me, telespectadores, fiquei muito emocionada... Tanto mais que centenas de notícias inquietantes não param de chegar...

O APRESENTADOR: Sim, agora falaremos com nosso correspondente em Avignon ao vivo... Ilaf... Boa noite... Qual é a situação aí na região de Rhône-Alpes, Ilaf?

ERIC (*que representa o correspondente*): Boa noite, boa noite para todo mundo... Tudo que posso lhes dizer é que em todos os jardins da região de Avignon não há mais nenhum anão de jardim... A mesma coisa em todas as cidades da Provence, Aix-en-Provence, Arles, Manosque, Saint-Rémy-de-Provence, Salon-de-Provence... Todos os anões se escafederam, se assim posso me exprimir, seguindo o apelo de um adolescente que foi visto, e essa é a informação crucial, escalando um dos lados do monte Ventoux à frente de um batalhão de muitas centenas de anões...

A APRESENTADORA: Obrigada, Ilaf... Obrigada, é claro que você pode intervir a qualquer momento no decorrer deste jornal se tiver elementos novos... Diretamente agora de Strasbourg, nossa correspondente Hilda... Hilda, boa noite... Qual é a situação por aí?

JOELLE (*que representa Hilda*): Na nossa região foi desencadeado um plano Violeta devido a deserção em massa de absolutamente todos os anões de jardim que se deslocam aparentemente, em pequenos grupos muitos ágeis, para o sul da França... Acrescento que um certo número de anões alemães atravessaram a fronteira e estão se juntando aos seus camaradas franceses...

A APRESENTADORA: Então, obrigada, Hilda... A questão que se coloca no momento é: por que esse movimento espontâneo dos anões? Boa noite, madame Popesco, então a senhora é especialista em anões de jardim, isto é, especialista em comportamento e psicologia de anões de jardim?

O APRESENTADOR: Nossa primeira pergunta é: como se explica essa reação dos anões?

MATILDE: Bem, precisamos voltar às origens das relações entre os anões de jardim e os humanos para compreender alguma coisa... Vocês sabem, os anões de jardim são na verdade os herdeiros de todo um povo de pobres trabalhadores de pequena estatura que, na Idade Média, veio de todos os cantos do mundo para trabalhar nas minas de ouro da Capadócia, na Turquia... Como as galerias eram excessivamente estreitas, só pessoas muito pequenas é que podiam penetrar ali. Houve então uma grande reunião de pessoas de pequena estatura vindas da Ásia, da África, da Europa e do Cáucaso... Como essas pessoas tinham um contato profundo com as entranhas da terra e suas forças telúricas, a população olhava para eles cheia de fascinação como se eles fossem elfos ou gnomos. As pessoas lhes atribuíam poderes mágicos, e pouco a pouco esses pequeninos começaram a fabricar réplicas de pedra de si mesmos para vender à população... Acreditava-se que esses anões de pedra, réplicas dos pequenos mineiros que viviam em contato com as energias da terra, tinham o dom de afastar os maus espíritos e de proteger as casas... Foi assim que os anões de jardim nasceram... Eis por que os anões continuam a manter relações de ternura e de magia com os humanos... O anão é um amigo, um protetor... Ele é testemunha de tudo e sabe ser muito discreto. Sabe também guardar segredo... Os anões sabem consolar e só seus mestres escutam sua voz... Mais que isso, quando os anões falam, eles dizem somente o que os donos querem escutar...

A APRESENTADORA: Obrigada, obrigada... Tenho que interromper agora, pois o Presidente da República vai fazer um pronunciamento em cadeia na televisão...

(*Música da Guarda Republicana.*)

O PRESIDENTE: Meus queridos compatriotas... Estamos diante de uma situação particular e totalmente inédita para a Quinta República... Os anões de jardim abandonam a França. É um fato: os anões de jardim nos abandonam. Até agora não encontramos nenhuma explicação razoável para esse movimento, tanto mais que tradicionalmente a França é um país hospitaleiro... Nunca, na história de nosso país, houve tal êxodo... Será que teremos de viver, de agora em diante, sem os nossos anões de jardim? Não sei... Mas pedi ao governo para abrir negociações... Sou a favor do diálogo, apesar do fato de os anões não falarem... Ou melhor, falarem por meio de gestos... Embora... Bem, de todo modo, o que eu queria lhes dizer... Com efeito, não tenho mais nada a vos dizer neste momento... Exceto que... Sim...

(*Música da Guarda Republicana.*)

A APRESENTADORA: Pois bem, este foi o pronunciamento do Presidente da República...

O APRESENTADOR: Mas nesse meio-tempo recebemos em nosso programa vários líderes políticos, assim como um filósofo, para entender o significado metafísico dessa fuga em massa dos anões. Comecemos com o primeiro líder da oposição...

LÍDER DA OPOSIÇÃO 1: Tudo o que tenho a dizer é... Era de se esperar... É isso o que tenho a dizer... Nosso governo nunca considerou os anões de jardim. Nunca. E, na ausência de uma política coerente em relação aos anões, não é de se estranhar que agora eles nos abandonem... E nem o fato de nos tornarmos a chacota da Europa...

LÍDER DA OPOSIÇÃO 2: Não souberam oferecer condições dignas de vida e moradia nos jardins aos nossos anões... E, além do mais, a França nunca dedicou uma atenção especial à produção de anões de jardim...

LÍDER DA OPOSIÇÃO 1: Vocês sabiam que a quase totalidade dos anões é importada? É só olhar para a Alemanha, que produz vinte e sete milhões de anões por ano... E exporta para todo o mundo, para o Japão, para a China, para os Estados Unidos... E nós? Não sabemos quantos anões existem em nosso território... Nunca fizemos um recenseamento dos anões de jardim... Nunca fizemos estudos para avaliar o impacto dos anões sobre o moral dos casais... É só agora, quando milhões de proprietários de anões estão em desespero, é que compreendemos o alcance do problema...

LÍDER DA OPOSIÇÃO 3: Eu, particularmente, não penso que se deva entrar em pânico porque os anões de jardim nos abandonam... Eu acho que é até uma boa coisa que todos esses anões de plástico, de gesso, de metal e de cimento nos deixem. Só se deve conservar os anões feitos de materiais nobres, os anões de cerâmica, de faiança e eventualmente os de terracota... Os outros são subanões... E absolutamente não é uma perda para o país, se eles se mandam...

LÍDER DA OPOSIÇÃO 2: Vocês não compreendem nada do desespero daqueles que têm anões como únicos companheiros de vida... A tristeza de um povo órfão de seus anões, isso não vos diz nada? Deveríamos distribuir anões gratuitamente à população, isso sim é o que deveríamos fazer... O anão de jardim cumpre um papel social imenso... Um papel pacificador e de integração, um papel estabilizador e pedagógico, tranquilizador e lúdico...

O APRESENTADOR: Sobre esse ponto do lúdico, justamente, recebemos novas imagens... Um cinegrafista amador captou essas imagens incríveis... Vocês vão ver... Os anões estão escalando o Mont-Blanc, com Felipe sempre à frente... E estão cantando também... Olhem...

(*Os anões de jardim estão atrás de Felipe, cantando.*)

Sou um anão, um anão de jardim...
Me chamo o anão com o carrinho de mão
Tenho um nariz como um crepe enrolado
E um chapéu idiota na cabeça...
Sou pequeno, sou feio, sou gordo
Todo dia sorrio bobamente
Meu rosto é muito inchado e minhas costas são
    polidas pela chuva e pelo vento
Sou pequeno, mas não me importo

Pois há anões menores do que eu
Sou grotesco, mas não me importo
Pois há anões mais grotescos do que eu
Tenho um paletó verde e botas marrons
Tenho uma barba branca e uma cara de bobo
E minha mão esquerda enfiada no bolso
Esquerdo da minha calça feia
Sim, sou feio mesmo, mas não me importo
Pois há anões mais feios do que eu
Sim, temos uma cara de bobo, mas a gente não se importa
Pois há humanos mais bobos do que nós
Eu sou feito de cerâmica
Meu carrinho de mão é de cedro
Faz dez anos que vivo assim
Pronto para partir não sei para onde
Sim, eu sei muito bem, sim eu sei
Sei muito bem que não sairei jamais
Mas podem anotar, eu não me importo
Pois tem anões mais parados do que eu
No meu carrinho de mão, meus pobres donos
plantaram flores e um cipreste-anão
Ah, como esses pobres humanos são bobos!
Muito mais bobos ainda que os pobres anões
Escutem-me bem, escutem-me bem,
Sou apenas um anão entre outros anões
Mas tem gente entre os humanos
Que são menos humanos que os pobres anões

A APRESENTADORA: Vejam só, vocês puderam escutar essa canção e ver essas imagens. Volto ao senhor, Michel Platon, o senhor que é filósofo, emérito professor da Sorbonne, o senhor que escreveu um estudo sobre "A Síndrome de Versailles nos Jardins dos Operários", qual é sua opinião a respeito da fuga dos anões?

O FILÓSOFO: É a derrocada... É a derrocada do pensamento moderno, primeiramente, e uma prova de que nossa sociedade não pode mais propor utopias. Pois, quando uma sociedade só propõe trabalho, o supermercado e o sono, é isso que acontece, os anões nos deixam...

O APRESENTADOR: Sim, mas não podemos esquecer que quem começou isso tudo foi um adolescente aparentemente comum que, com um toque de varinha mágica, soube mobilizar todos esses anões...

O FILÓSOFO: Sim, claro, não podemos esquecer sua mensagem, pois seu ato contém uma mensagem expressa... Esse garoto, esse adolescente, o que está nos dizendo, na verdade, a nós, adultos? Ele nos diz: vocês falharam em todas as suas revoluções e em todas as utopias... A revolução industrial fracassada agora destrói o planeta. A revolução tecnológica fracassada, vocês tinham prometido que as máquinas iam trabalhar no lugar do homem, mas é sempre o homem que vocês obrigam a trabalhar mais... A revolução política, outra também fracassada, nem os comunismos, nem os socialismos, nem as outras utopias sociais conseguiram liberar o homem... Até a revolução sexual fracassou porque teve a aids, que interrompeu seu rumo natural... Desse modo, eu me coloco na pele desse garoto, porque o que ele está dizendo é: "Vocês, os adultos, vocês fracassaram, mas liberemos ao menos os anões de jardim para livrar a nossa cara...".

A APRESENTADORA: Obrigada, Michel Platon, lembrando que o senhor é autor de um livro que se chama *A Síndrome de Versailles nos Jardins dos Operários*, editado pela Editora dos Sinônimos... (*Ela mostra o livro.*) Recebemos agora um agricultor que nos traz um testemunho inacreditável sobre a travessia dos anões de jardim pelos Alpes... Pois os anões aparentemente se dirigem para a Itália... (*O Agricultor entra.*) Então, o que o senhor viu?

O AGRICULTOR: Bem... Eu vi... Eu vi...

A APRESENTADORA: O que exatamente?

O AGRICULTOR: Vi o menino com os anões.

A APRESENTADORA: Os anões, o senhor tem certeza?

O AGRICULTOR: Sim, os anões que andavam atrás dele.

O APRESENTADOR: E os anões, eram quantos?

O AGRICULTOR: Bem... Rebanhos inteiros... A gente diria a transumância dos anões...

A APRESENTADORA: E o senhor teve a impressão de que eles todos, todos mesmo, seguiam Felipe?

O AGRICULTOR: Sim, eles seguiam o menino...

O APRESENTADOR: Mais precisamente... Ele ia sempre na frente e os anões atrás dele?

O AGRICULTOR: Sim, os anões se estendiam por quilômetros atrás dele...

A APRESENTADORA: E o senhor não consegue estimar o número...

O AGRICULTOR: Não porque... Eles iam chegando de todos os lados incessantemente... Descendo pelas torrentes... Pelos vales...

O APRESENTADOR: E para onde iam?

O AGRICULTOR: Para a fronteira italiana.

A APRESENTADORA: O senhor tem certeza?

O AGRICULTOR: Não, mas ele tinha uma flauta.

A APRESENTADORA: Ah, isso aí é importante, isso aí... Ele tinha uma flauta?

O AGRICULTOR: Sim, ele tinha uma flauta...

A APRESENTADORA: E ele tocava a flauta?

O AGRICULTOR: Sim, ele tocava a flauta.

O APRESENTADOR: Ele tocava a flauta andando?

O AGRICULTOR: Sim, ele andava e tocava a flauta dirigindo-se para Sospel.

A APRESENTADORA: Para Sospel?

O AGRICULTOR: Para Sospel, para a fronteira italiana... E os anões de jardim andavam atrás dele...

A APRESENTADORA: Então eles estavam andando atrás do garoto que tocava flauta.

O APRESENTADOR: E eles se dirigiam para a fronteira italiana? Não era para a Suíça?

O AGRICULTOR: Muito bem, vocês entenderam tudo. Querem que eu conte a mesma coisa cantando?

A APRESENTADORA: Como assim, não estou entendendo?

O AGRICULTOR: É que eu compus uma canção... Posso mostrar para vocês? (*Para o público.*) Catarina, estou na telinha! Você está me vendo? (*Começa a cantar.*)
  Entre, entre, senhor comissário
  Gostaria de informá-lo
  Que um bando de anões de jardim
  Passou a noite em meu chalé
  Sim, certamente, vieram passar a noite
  Mais de duzentos anões de jardim
  Fizeram uma escala para descansar
  E retomaram seu caminho bem cedinho
  Em todos os quartos encontrei
  Pedaços de gesso e de madeira
  Coloridos vestígios dos anões
  Que exaustos dormiram a noite inteira
  De dedos encontrei pedaços
  Três orelhinhas, bastão de pajem
  Carrinhos de mão também, e outros apetrechos
  Que sempre servem para a jardinagem...

O APRESENTADOR: Obrigado, obrigado, senhor. Obrigado por seu testemunho. Preciso interromper porque...

A VOZ DE UM ADULTO: Ei... O que é que vocês estão fazendo aí? Seus malandros! O que é que vocês estão fazendo no meu jardim? Deixem os anões tranquilos! Vou chamar a polícia! Fora imediatamente, senão eu chamo a polícia... Que corja... Merda, eles mudaram a expressão do meu anão...

(*O Proprietário de um anão cuja expressão do rosto foi alterada se aproxima da rampa com seu anão nos braços.*)

O PROPRIETÁRIO DE UM ANÃO CUJA EXPRESSÃO DO ROSTO FOI ALTERADA: Olha só o que eles fizeram... Já não reconheço mais meu anão. Meu anão querido, ele tinha uma outra expressão, ele era, como posso dizer, mais ingênuo, mais sereno, mais... Enfim, o anão de jardim que eu comprei, que tinha uma cara alegre, era feliz, senhores, por morar no meu jardim. Foi, aliás, por isso mesmo que eu o comprei, porque ele tinha essa cara de feliz. E ele se sentia muito bem no meu jardim... Quero dizer, para mim, sua expressão, seu estado de espírito, quer dizer, sua alegria, isso ressoava no jardim, isso dava uma espécie de alma a todo o jardim, você compreende, foi por isso que eu comprei esse anão, para que meu jardim pudesse ter um sopro... (*Quase chorando.*) E hoje de manhã o que vejo? Ele mudou de expressão, meu anão, a carinha dele mudou completamente, ele ficou, olhem só, ficou com um ar funesto, me mostra a língua, ficou com um ar de desprezo... Está na cara, agora ele ficou com esse ar ameaçador... Não consigo nem acreditar, mudaram a expressão do meu anão durante a noite, é inacreditável, é alucinante... Repintaram o rosto dele... (*Para uma mulher.*) Cristina, Cristina venha ver... (*Para si mesmo.*) Que canalhas! Mas que canalhas!

Quase no escuro. Felipe, numa rede, toca a flauta.
Um anão de jardim se aproxima de Felipe. Essa cena
deve ser tratada num registro fantástico.
Talvez o anão possa ser uma marionete.

O ANÃO COM UM BLOCO DE NOTAS: Boa noite...

FELIPE: Boa noite...

O ANÃO COM UM BLOCO DE NOTAS: Você estava dormindo?

FELIPE: Não, eu contemplava as estrelas... Dizem que, em noite claras, pode-se perceber quase cinco mil estrelas a olho nu...

O ANÃO COM UM BLOCO DE NOTAS: Você sabe que essa noite é o solstício de verão, dia vinte e um de junho, a noite mais curta e o dia mais longo do ano? É a noite das fadas, dos elfos e dos gnomos... Antigamente, nessa noite, as meninas do vilarejo saíam à meia-noite, descalças, para ir dançar na floresta em volta de uma árvore bem velha, a mais velha da floresta... É também o momento do ano em que as bruxas e os bruxos marcam um encontro para trocar suas últimas receitas de magia... É também a noite em que os animais falam e as árvores libertam de dentro dos seus troncos os viajantes que sumiram na floresta nos últimos doze meses...

FELIPE: Sim, foi por isso que eu quis dormir ao ar livre. Mas quem é você mesmo?

O ANÃO COM UM BLOCO DE NOTAS: Sou um anão... O anão com um bloco de notas... Moro no fim da rua, no jardim do senhor Vaterwald... Você o conhece... Faz alguns anos, ele abriu uma loja bem estranha chamada "A Caixa de Curiosidades"...

FELIPE: Anões de jardim não falam...

O ANÃO COM UM BLOCO DE NOTAS: Falam, sim... Falam uma única vez por ano e é justamente nesta noite. É durante o solstício de verão que os anões falam... Preciso fazer uma pesquisa com eles, você pode me ajudar?

FELIPE: Sim...

O ANÃO COM UM BLOCO DE NOTAS: Vamos visitar todos os anões do vilarejo para lhes fazer três perguntas...

FELIPE: E qual é a primeira pergunta?

O ANÃO COM UM BLOCO DE NOTAS: A primeira pergunta é... Por que os humanos são tão idiotas?

FELIPE: E a segunda?

O ANÃO COM UM BLOCO DE NOTAS (*consulta suas notas*): A segunda é... Ainda vale a pena fazer alguma coisa por eles?

FELIPE: E a terceira?

O ANÃO COM UM BLOCO DE NOTAS (*consulta suas notas*): A terceira é... Justamente, a terceira é "o quê?" O que fazer pelos humanos? Vamos passar pelos anões perguntando se eles têm propostas para ajudar os humanos a sair de sua estupidez...

(*Um grupo de anões se aproxima. A atmosfera fantástica persiste. Os anões que se aproximam podem ser marionetes manipuladas pelos atores que encarnaram as personagens precedentes.*)

FELIPE (*pega o bloco de notas e se dirige ao primeiro anão marionete*): Boa noite...

O ANÃO 1: Boa noite...

FELIPE: Diga-me, por favor... Em sua opinião, por que os humanos são tão idiotas?

O ANÃO 1: Hum... Hã... Bem... Penso que... É... É porque eles... Eles assoam o nariz demais, quer dizer... Eles dão importância demais à ponta do seu nariz...

FELIPE: Em sua opinião, vale a pena fazer alguma coisa por eles?

O ANÃO 1: Sim... Bem... Sim e não... Quer dizer... Sim... É isso, eu, eu sou mais por fazer uma última tentativa...

FELIPE: E qual a sua proposta?

O ANÃO 1: Proponho... Proponho... Proponho que os humanos saiam toda noite ao ar livre e contemplem as estrelas durante dez minutos. É isso aí que proponho...

FELIPE (*dirigindo-se ao Anão 2*): Então, em sua opinião, por que os humanos são tão idiotas?

O ANÃO 2: Bem, penso que... É justamente porque... Porque eles não são "hunões", eu sempre achei que eles pronunciam mal essa palavra, é preciso dizer "hunões" e não "humanos".

FELIPE: Vale a pena fazer alguma coisa por eles ainda?

O ANÃO 2: Sim, sim, eles até que são engraçados às vezes, eles aprendem rápido, com um pouco de paciência...

FELIPE: E você propõe que a gente faça o quê?

O ANÃO 2: É preciso que eles nasçam velhos, é isso que tem que ser feito... E que passem a vida ficando mais jovens até se tornarem crianças... Isso, quem sabe, resolveria o problema...

(*Todos os atores instalam suas marionetes no palco, tiram seus blocos de notas e continuam a enquete no público, com as mesmas perguntas.*)

1. Bom dia... Então, na sua visão, por que os humanos são tão idiotas?
2. Vale a pena fazer alguma coisa por eles ainda?
3. E você propõe que a gente faça o quê?

CENAS SUPLEMENTARES

CENA SUPLEMENTAR 1

Testemunho de Tally
(eventualmente uma gravação em vídeo).

TALLY: No começo a gente ria muito. Felipe dizia que a gente ia fazer o "reconhecimento de campo". Assim eram os "reconhecimentos de campo": a gente ia com nossas mochilas, levava sanduíches e andava o dia inteiro, passando por todos os lugares onde havia jardins e a gente procurava anões. E Felipe anotava num caderno endereços de todos os anões e pouco a pouco a gente tinha um plano detalhado de todos os jardins do vale com seus anões. Depois Felipe me disse "Agora é preciso agir", e agimos. A gente olhava as pessoas que tinham os anões em seus jardins, era preciso saber se tinham crianças, cachorros, se eles trabalhavam em casa ou se trabalhavam fora. Fizemos isso o verão inteiro, olhávamos as pessoas e os cachorros. Felipe dizia que os cachorros podiam nos atrapalhar muito... E depois começamos a agir dentro dos jardins, entrando quando os proprietários não estavam lá. Eu me ocupava dos cachorros dando-lhes de comer ou acariciando-os, e Felipe se ocupava dos anões, pintando a cara deles. Isso tomava uns bons doze minutos.

Ele tinha uma garrafa de álcool etílico e primeiro tentava limpar o rosto dos anões, removendo a pintura... Ele limpava os lábios, as maçãs do rosto, o nariz, todo o rosto e depois pintava de novo os traços, fazendo de tal modo que os anões ficassem menos bobos. Em seguida partíamos e Felipe ficava muito feliz, dizendo: "Hoje salvamos um ser". Mas pintar os anões era bem perigoso por causa dos cachorros, então Felipe disse que precisava mudar de estratégia, que definitivamente era necessário libertar os anões. Aí comecei a ficar cada vez mais com medo, mas ele precisava de mim, então eu o segui pois ele estava muito decidido e dizia: "Somos uns inúteis se não conseguirmos fazer isso". E encontramos alguns anões de plástico e de madeira que pareciam mais leves e, uma noite, nós os roubamos e fomos deixá-los na floresta. Na primeira noite libertamos quatro anões e os colocamos numa clareira no meio da floresta, onde ninguém iria encontrá-los e ficamos superfelizes; fizemos uma fogueira e passamos a noite toda com os anões resgatados, e Felipe estava radiante, radiante e... E, durante todo o verão, resgatamos anões, mas Felipe queria ir mais longe... É o que ele me dizia: "Não é só isso, Tally, não é só isso, Tally, é preciso libertá-los por dentro...".

CENA SUPLEMENTAR 2

No café da vila,
"O homem que nunca entende nada", apoiado com os cotovelos no balcão
(eventualmente uma gravação em vídeo).

O HOMEM QUE NUNCA ENTENDE NADA: Como pode desaparecer um garoto assim, com 237 anões de jardim, isto é, com os anões de jardim de toda uma região? Isso eu não entendo. Não entendo nada mesmo. O garoto desapareceu, quer dizer que não se sabe onde ele está, isto é, já faz quatro dias que ele não volta para casa, para seus pais, que estão preocupados. Sim, tudo bem, isso eu entendo, ele não volta mais, ele não telefonou, não se sabe onde está, tudo bem. Isso acontece. Mas qual é a relação entre esse garoto e os 237 anões de jardim que desapareceram ao mesmo tempo que ele? São 237 anões de jardim que deixaram seus jardins há quatro dias... Aí não entendo quase nada... Aí tenho a impressão de que estão delirando um pouco... Como podem 237 anões de jardim deixar seus jardins todos ao mesmo tempo, na mesma noite, e desaparecer na natureza, desse jeito, sem deixar traços, sem nada? Não, aí é que minha cabeça pira, não entendo literalmente mais nada, isso já é demais para mim... Um garoto que desaparece, um garoto que adora os anões de jardim e desaparece, sim, isso é possível, isso eu compreendo, ele se foi, ele fugiu, ele não aguentava mais, ele já havia ameaçado seus pais de fazer isso, ele já tinha dito que ia fugir um dia desses, tudo bem...

Isso eu entendo. Mas os anões, o fato de eles isso também... Não... Isso... Não... Eu... Não, isso...

CENA SUPLEMENTAR 3

O Diário da Fuga
"O Anão com uma pena de escrever e uma lousa"
aproxima-se da rampa.

O ANÃO COM UMA PENA DE ESCREVER E UMA LOUSA:

Segunda-feira, 13. Hoje fizemos um percurso de aproximadamente oito quilômetros. Tomamos sempre aqueles atalhos só conhecidos por lobos, raposas, javalis e cabras, longe de qualquer pegada e de qualquer presença humana. Até curral a gente evitava. Às vezes, os cães dos pastores sentem nosso cheiro, mas nunca latem para a gente. Esta manhã alguns cães que vigiavam um curral num dos vales que a gente tinha evitado vieram bem perto de nós. Eles nos farejaram, ficaram uns bons dez minutos conosco e depois saíram muito contentes da vida, sem latir nem uma só vez.

Sexta-feira, 14. Há cerca de três dias, desde que a gente empreendeu a verdadeira subida, alguns de nós começaram a ter problemas. Os anões de plástico são, coisa estranha, os mais sensíveis ao vento e ao frio. Certos anões de gesso tiveram seus pés quebrados e Felipe teve que cuidar deles, colar os pedaços que se soltaram e reforçar tudo com fita adesiva.

Os anões de madeira são os mais resistentes, mas são pouco numerosos. A maioria de nós é de gesso ou de cerâmica. Tem alguns de metal e até mesmo de cimento. Esses são sempre os últimos da fila.

Domingo, 15. As noites estão cada vez mais frias e a gente se preocupa com Felipe, que não está muito bem equipado para as montanhas altas. Ontem à noite, decidimos passar a noite num chalé abandonado não muito longe de um vilarejo. Esperamos a caída da noite e entramos no chalé. Foi um anão com machado que forçou a porta. Como há vários anões com lanterna no grupo, não tivemos problemas de iluminação. Acendemos a lareira e assistimos à televisão. Estávamos muito satisfeitos. Felipe tirou a poeira da gente com um espanador. Como a etapa seguinte se anunciava muito dura, decidimos abandonar uma parte do nosso material. Fizemos uma lista e decidimos que os anões com carrinho de mão poderiam abandonar seus carrinhos, que os dois ou três anões com acordeom poderiam abandonar seus acordeons, que os anões com baldes de gelo poderiam abandonar seus baldes e assim por diante. Mas levamos todas as pás, todos os machados, todas as picaretas e todas as lanternas. Fiquei com minha pena de escrever e minha lousa para poder continuar a fazer este diário.

Quinta-feira, 25. Hoje nevou o dia inteiro. A neve estava muito bonita. Os flocos de neve eram grandes, leves, perfumados. Iam caindo lentamente, bem lentamente... A gente ficou com vontade de contá-los, mas não dava tempo. Quando o céu ficou limpo de novo, vimos ao longe o sopé da geleira.

Terça-feira, 16. Felipe está cada vez mais exausto. Não consegue mais andar. Improvisamos uma maca e nos revezamos para carregá-lo. Isso nos atrasa demasiadamente, mas, de todo jeito, conseguimos fazer entre quatro e cinco quilômetros por dia.

Quinta-feira, 9. Felipe delirou a noite inteira. Tivemos muito medo de que acontecesse alguma coisa com ele e então decidimos ficar alguns dias num curral abandonado para cuidar dele. Acendemos a lareira. Ficamos ao lado dele a noite inteira. Fizemos um chá para ele com raízes de zimbro e pimenta-da-guiné. Temos muito medo de que ele tenha ficado doente.

Sexta-feira, 13. Felipe está melhor. Está lúcido e pediu que continuássemos a subida. Então continuamos a subir. Felipe está contente. Até tentou tocar um pouco de flauta outra vez. Foi amarrado na maca com nossos cintos para que ele não caia nas encostas que ficavam cada vez mais íngremes.

Terça-feira, 16. Felipe está no limite de suas forças. Sabemos que em breve ele não estará em condições de continuar a viagem. Mas não se fala nisso. Está muito lúcido e não nos pergunta nada. De vez em quando nos pergunta em que dia da semana estamos. Às vezes, ao meio-dia, quando o sol faz sua aparição, levamos Felipe para fora, para que ele possa se esquentar um pouco. Tem dias que fica assim muito tempo, duas ou três horas, com o sol acariciando seu rosto.

Quinta-feira, 17. Aqui estamos no sopé da geleira. Começamos a cavar para achar a entrada. Felipe sabe que devemos tomar uma decisão. Aliás, a decisão está tomada dentro da cabeça de cada um. Mas recusamos o momento em que vai ser preciso falar em voz alta sobre tudo isso.

Terça-feira, 18. Ainda não abordamos o assunto, mas já começamos a desmatar o terreno para a implantação do jardim. Cortamos as alamedas, trouxemos algumas árvores de raro odor, muito resistentes no inverno… Cavamos um poço, um de verdade. Entalhamos um banco num rochedo. O jardim está pronto. Fizemos um muro de pedra como cerca. Sem dúvida, Felipe ficará contente de esperar nosso retorno, na próxima primavera…

CENA SUPLEMENTAR 4

Testemunho de um proprietário de chalé (eventualmente uma gravação em vídeo).

O PROPRIETÁRIO DO CHALÉ: Dou minha palavra de honra que um bando de aproximadamente duzentos anões de jardim forçou a entrada do meu chalé na montanha a mais ou menos 2.300 metros de altitude. Tenho provas de que esses anões passaram alguns dias, talvez uma semaninha, no meu chalé, e que havia um ser humano entre eles. Tenho provas de que esses anões de jardim fizeram uma parada de descanso no meu chalé antes de retomar a subida para o cume. Deixaram no meu chalé tudo o que lhes parecia excesso para a etapa seguinte, que se anunciava muito mais dura. Encontrei no meu chalé: trinta e quatro carrinhos de mão, nove machados, quatro pás, dezenove lanternas, três acordeons, uma flauta de Pã, uma dúzia de cachimbos, dois baldes de gelo, doze cordas e uma mangueira de regar plantas... Todos esses objetos são de madeira, de gesso, de cerâmica, de plástico ou de vidro, e é exatamente o tipo de objeto que se vê pelos jardins nas mãos dos anões de jardim... Tenho também provas de que alguém tentou, durante a estada, como posso dizer, tratar dos anões, se assim posso dizer... Encontrei uns bons trinta tubos de cola esmagados, restos de diversos tipos de fita adesiva... Pois é, tudo isso me deu a impressão de que alguém tentou tratar das feridas dos anões... Pois tinha também destroços de anões por todo canto: pedaços de dedos de anões quebrados, dois ou três fragmentos de botas, restos de chapéus, até um nariz... E, além de tudo, juro a vocês que os anões e seu acompanhante ligaram a televisão. E talvez estejam nos vendo nesse mesmo instante, do chalé de um outro proprietário...

CENA SUPLEMENTAR 5

No café do vilarejo,
"O homem que nunca entende nada", apoiado com os cotovelos no balcão.

O HOMEM QUE NUNCA ENTENDE NADA: Não, isso é demais para minha cabeça. Agora mesmo é que não estou entendendo mais nada. Bem, até entendo que se faça uma pesquisa. As pesquisas, isto é, as pesquisas são para tentar compreender, as pesquisas, é bom que existam, mas eu nunca entendo o que querem entender esses pesquisadores... Vocês viram no jornal? Bem, o cara que escreveu parece que entendeu tudo; mas eu não entendo uma só palavra de tudo o que foi dito. E, no fim das contas, sou pela libertação dos anões de jardim! Pronto! Sou a favor! Nem entendo muito bem por que o garoto queria libertar todos os anões, mas eu sou pela liberdade. Viva a República dos Anões! No final das contas, todos nós temos o direito à liberdade. Por que não os anões? Hein? Talvez eu esteja dizendo bobagem, mas, de qualquer modo, é bem verdade que não entendo, mas essa ideia, quer dizer, que os anões devem ser livres, eles também, isso me agrada. Tiro o chapéu! Desde que vivo nesse fim de mundo foi a única coisa que me... Sinceramente... Como posso dizer? Foi a única coisa realmente sincera que... Que me tocou, é isso... Pois é, no fim das contas é bonito, quero dizer... É bonito, mesmo que seja bobo... Mas é uma bela bobagem, eu quero dizer, digo que é uma bela bobagem e, no final das contas... Merda, o que é que eu queria dizer mesmo? Bom, é isso, pela libertação dos anões de jardim!

CENA SUPLEMENTAR 6

O testemunho do Camponês
(eventualmente uma gravação em vídeo).

O CAMPONÊS: Eles subiam... Ele na frente e os anões atrás dele, e, de vez em quando, ele parava para esperá-los, pois os anões menores não conseguiam manter o ritmo... E, de vez em quando, ele tocava a flauta, talvez para provar aos anões, para que os anões tivessem certeza de que ele estava lá, à frente deles... E às vezes ele parava e voltava alguns passos para reconfortar alguns anões. Para lhes dar coragem... E os anões, havia de todos os tamanhos, de todas as cores, de todas as formas... Anões parrudos, anões magros, anões inchados... E ele, o menino, de vez em quando falava com eles... Mas os anões nunca diziam nada, atentos ao caminho, e podia-se conjecturar que eles estavam superconcentrados na caminhada, como se a caminhada fosse uma coisa muito nova e até difícil para eles... Fiquei assim olhando para eles por um bom tempo, pois avançavam muito lentamente e depois passaram para o outro lado do desfiladeiro e pronto...

CENA SUPLEMENTAR 7

Testemunho do Dono do bistrô
(eventualmente uma gravação em vídeo).

O DONO DO BISTRÔ: Mas é normal. Nesse mundo de mal-amados, nesse mundo de desclassificados, nesse mundo desgovernado... Aí aparece esse menino e nos propõe um ideal realizável... Pela primeira vez alguém propõe à humanidade um ideal ao alcance da mão, um ideal realizável... Esse menino, quer dizer, merda, vocês não realizaram nada, todas as revoluções fracassaram, a libertação do homem fracassou, vocês nunca conseguiram se mobilizar até o fim para seja lá o que for, nem para vencer a fome, nem para vencer as minas antipessoais, nem para vencer o câncer, nem para vencer... É isso aí, vocês nunca conseguiram nada... Pois bem, uma vez na vida vocês têm ao alcance da mão um ideal realizável... Ele quer nos dizer: libertem os anões do jardim... Libertem-nos e vocês salvarão o símbolo... O símbolo da luta por um ideal... É isso aí...

CENA SUPLEMENTAR 8

Testemunho de um professor
(eventualmente uma gravação em vídeo).

O PROFESSOR 1: É que a juventude não tem mais um ideal. Nenhum ideal. A juventude não sabe mesmo nem mais o que isso quer dizer, um ideal. Um ideal, isso é alguma coisa que se comunga numa coletividade, é um projeto de sociedade partilhado por toda uma geração ou até por diversas gerações. Mas nossa juventude, ela não tem ideal, pois vive numa sociedade desviada, uma sociedade que avança em grande velocidade e que não concede nenhuma oportunidade às novas gerações. É que a sociedade é mais rápida que o indivíduo, o indivíduo não tem tempo de compreender, de se adaptar... Mesmo no nível de bens de consumo, não temos tempo de nos adaptar, de apreciar um produto tecnológico, como, por exemplo, o Minitel ou o fax, que logo uma geração nova de produtos de alta tecnologia cai sobre nossa cabeça como uma avalanche... O tempo de compreender como utilizar um computador em casa e eis que irrompe a Internet... Não, estamos todos perdidos, somos todos perseguidos por esta besta horrorosa que é a tecnologia invasora, a tecnologia que imprime seu ritmo à nossa vida... E então, como propor à juventude um modelo quando nós mesmos, que corremos atrás da realidade, não somos capazes de apreender a realidade?

CENA SUPLEMENTAR 9

Testemunho de um professor
(eventualmente uma gravação em vídeo).

O PROFESSOR 2: Creio que a coisa mais grave é que o diálogo entre nós, a geração ativa, adulta, e nossos jovens, esse diálogo portanto está interrompido, inexiste... Por exemplo, agora, esse debate sobre a juventude, não há nenhum jovem que se interessa por ele, tenho certeza... Façam uma pesquisa e vocês vão ver... Nenhum adolescente assiste a esse programa, porque nós e eles não falamos a mesma língua... Eles nos olham como seres extraterrestres... Não digo que eles nos detestem, mas simplesmente não há comunicação possível entre nós... Para eles, somos pessoas de outra dimensão, em resumo, extraterrestres... Para não dizer anões de jardim...

CENA SUPLEMENTAR 10

Testemunho do Presidente da FPDAJ
(eventualmente uma gravação em vídeo).

O PRESIDENTE DA FPDAJ: Meu nome é Jacques Bessou e sou o presidente da FPDAJ, a Federação de Proteção e Defesa dos Anões de Jardim. Tudo que posso dizer é que hoje os anões de jardim estão em perigo. Portanto, em nome da FPDAJ, gostaria de me dirigir aos proprietários de anões de jardim para lhes dizer: prestem atenção em seus anões, não os deixem mais sem vigilância. À noite, recomenda-se trancar seus anões de jardim no porão, ou em uma sala segura... Nossa federação, a FPDAJ, acaba de patentear uma invenção que poderia interessar a todos os proprietários de anões de jardim: é um tipo de gaiola noturna para os anões de jardim. Vocês colocam seus anões de jardim dentro da gaiola ou colocam a gaiola por cima dos anões...

COMENTÁRIOS NA MÍDIA

Os anões esperam seus proprietários.

AVIGNON: O Front de Libertação dos Anões de Jardim bateu em Vaucluses, desviando não menos de sessenta e três dessas estatuetas que foram retiradas de jardins de particulares e colocadas, domingo, na entrada de um bosque perto de Pertuis. Lá havia uma carta reivindicando tal ação e precisando que ela tinha por finalidade "libertar uma parte dos anões da influência maléfica de certos humanos". Os policiais de Pertuis, que recuperaram as estatuetas, restituíram uma parte delas e conservaram outra esperando até que seus proprietários se manifestem. Até o presente, os comandos de libertação de anões de jardim assolam essencialmente no leste da França.

A.P. (Artigo publicado no *A Provença*)

O FLAJ bate em Alençon

Um estranho comando assola há vários meses nos bairros residenciais de Alençon (Orne) e organiza verdadeiros ataques noturnos. Depois de uns vinte ataques, desde que se reuniram em uma noite de junho passado, os membros do Front de Libertação dos

Anões de Jardim (FLAJ) se escondem por trás de uma "mentalidade colegial". Mas é evidentemente por uma "boa causa" que eles pretendem agir. "Tudo começou com um delírio numa noite de junho com uns doze amigos. Depois fomos pegos de roldão", contou-nos um porta-voz anônimo, inspiração de outros comandos em Rennes e Caen. "Queríamos acabar com a ridicularização dos anões de jardim, devolvendo-os a seu habitat natural e libertando-os na floresta da qual nunca deveriam ter saído." Esses terroristas moderados executarão, na primavera, uma libertação coletiva na floresta de Ecouves. "Depois das parciais", acrescentaram eles, sem maior precisão quanto à natureza desse último riso.

(Do site de *L'Humanité*, 4 de janeiro 1997)

Strasbourg: os anões de jardim no gramado do estádio la Meinau

Um guarda do estádio la Meinau descobriu algo insólito: duas equipes de onze anões de jardim foram alinhadas face a face no gramado antes da chegada dos jogadores do Racing Club de Strasbourg para uma sessão de treino. "Foi um gesto simpático, provavelmente obra de jovens estudantes. Gostamos e rimos muito", falou quarta-feira Serge Cayen, o diretor do *site* de La Meinau. Nenhuma reivindicação foi formulada até o momento, segundo informação das mesmas fontes. Os anões de jardim, visivelmente roubados de propriedades da região, foram entregues à polícia a fim de que seus proprietários possam recuperá-los.

(*Agência France Presse*, 31 de julho 2002)

PÁGINAS ESCRITAS PELOS ALUNOS

TEMA DE ESCRITA:
OS ANÕES DIZEM ADEUS A SEUS MESTRES

CARTA DE ADEUS 1
Por que essa partida? Você deve se perguntar! Muito bem, as razões são múltiplas. Faz dez anos que me encontro no seu jardim e que me entedio. Dez anos que estou sozinha, você nunca me trouxe um amigo. Então vou dizer adeus, e esta carta é uma prova de que fui embora. Basta de ficar sempre no mesmo lugar, apesar das minhas escapadas noturnas. Basta de sentir a goteira caindo bem em cima de mim a cada chuva, basta de ficar vendo sempre as mesmas caras todo santo dia. Fui, e o meu carrinho de mão também. Deixei seu jardim que me deixava morta de tédio. Parto para novas aventuras, para encontrar outros anões rebeldes, e então vamos descobrir o mundo, o mundo dos jardins maravilhosos! Pois conheço todos esses jardinzinhos nos cantinhos mais recônditos. Então, você não me verá jamais. Basta de xixi de cachorro, basta de crianças com mãos encardidas, chega de cortadores de grama e dessa goteira. Não procurem por mim, ninguém me tirou daqui, fui eu que quis ir embora... – Gwendoline

CARTA DE ADEUS 2
Querido senhor, escrevo esta carta para lhe dizer que vou embora. Fui comprada, faz agora um ano, naquilo que vocês chamam, vocês, os humanos, de brico-mercado. Separada de toda minha família, me sinto bem sozinha. Estou farta de ver todo domingo sua mulher girar à minha volta, mexer na terra, plantar "pensamentos". Estou farta da vida que levo. Você nunca prestou atenção no que seu cachorro fazia comigo! Mijava em cima de mim... Toda manhã! Vou parar de fazer de conta que sou uma peça de decoração imóvel, pois eu me mexo! Eu vivo, eu penso, eu vejo! Meu único amigo aqui é o brinquedo do senhor Oscar. Quero reencontrar minha família, nós somos inseparáveis. Vou conseguir e, se preciso for, até morrerei. Adeus. – Sofia

CARTA DE ADEUS 3
Meu querido mestre, esta é uma carta de adeus. Escrevo-lhe, portanto, para lhe dizer que vou embora. Não é que eu não goste da sua companhia, mas quero ver o mundo. Para dizer a verdade, não tínhamos grandes conversas, nós dois, dado que, quando você vinha me ver, toda manhã, só falava consigo mesmo. Você bem sabe que durante esses anos todos encontrou um ouvido atento e compreensivo. Mas, de repente, não aguento mais escutar todos os seus problemas conjugais, não aguento mais escutar suas queixas sobre sua mulher e sua amante. E, se quiser minha opinião (embora eu duvide que a opinião de um anão lhe interesse), deixe sua mulher, ela não o ama mais, você não a ama mais e ela nunca vem me ver! Mas isso não me diz respeito, voltemos a minha partida. Agradeço por ter me limpado por tanto tempo, mas agora creio que posso me limpar sozinho. Vou partir com outros amigos anões. Adeus, meu mestre. Vou sentir saudades do senhor. – Julieta

CARTA DE ADEUS 4
Papai, penso que posso te chamar assim, já que você fez tantas coisas para mim. Foi você que me trocou de lugar milhares de vezes no jardim, que me pintou e me deu uma nova vida durante todos esses anos. Papai, preciso falar, mas isso vai ser muito duro de dizer na sua cara. Eu parto. Sei que você me amava, mas, veja bem... E todas as vezes que o cachorro urinou em cima de mim? E quando o senhor fechava os olhos no momento em que o carteiro jogava as cartas em cima de mim? Ou ainda quando as crianças do bairro tentavam quebrar o meu gorro a pedradas? Papai, volto ao país dos anões, lá onde a vida é só felicidade e onde tudo é menor. Saiba de uma coisa e espalhe por aí a mensagem: são milhares como eu que estão pegando a estrada. Um dia talvez você possa compreender meu gesto e não ficar magoado. Seu anão de jardim. – Achille

CARTA DE ADEUS 5
Uma vida a podar...
Uma vida a cortar...
Uma vida a molhar...
Uma vida a plantar...
Uma vida a sair...
Depois uma vida a entrar...
Uma vida a andar sem jamais parar...
Triste condição humana...
Está mais do que na hora de abandonar essa palhaçada. – Jeanne Marie

CARTA DE ADEUS 6
Adeus, meu velho, não suporto mais ver sua cara de imbecil. Todo dia era a mesma coisa: você abria a janela, você me olhava gargalhando, para depois me encher de fumaça com sua lata-velha toda podre.

Pelo menos se pudesse trocar de vez em quando por outro, eu teria ficado, mas não, durante dez anos esperei, mas nada a fazer, sua cara é sempre a mesma. Você não foi nem capaz de trazer outros anões para que eu me sentisse menos sozinho. Posso te dizer que eu penei, eu que sempre sonhei em viver com meus semelhantes, durante dez anos tive que passar meus dias olhando esse jardim que mais parece um terreno baldio. Tagasoke!, saúde, nossos sinceros votos de saúde, fui!!! – Cauê

CARTA DE ADEUS 7
Senhora, senhor, lamento ter que anunciar que, depois de todos esses maravilhosos anos passados ao lado de vocês, estou de partida. Prefiro dizer por escrito... Assim é menos penoso para todos. Meu motivo é puramente sentimental: faz mais ou menos dois meses que encontrei numa boate uma certa Branca de Neve. Foi amor à primeira vista, encontrei o amor da minha vida. Parto então para viver essa aventura com essa bela criatura em busca de outras plagas maravilhosas... Adeus.
PS: Obrigada, senhora, por suas suculentas tortas de maçã. Obrigada, senhor, pelos momentos inesquecíveis na pesca. – Anaïs.

CARTA DE ADEUS 8
Não esqueça de dar comida ao gato,
Não esqueça de regar as plantas,
Não esqueça de fechar as venezianas,
Não esqueça de estender a roupa.
Depois dessas recomendações fúteis, preciso confessar que preciso partir, não posso mais suportar a visão dessa pomba de porcelana encarapitada no terraço do vizinho. Ela me esnoba todo dia com sua condição privilegiada, seu ponto de vista muito melhor do que

o meu. Não duvide do meu amor por você. Obrigada pela tigela de framboesas todos os dias diante da minha casinha. Vou escrever para você. Adeus. – Anaïs

CARTA DE ADEUS 9
Por que um adeus tão súbito?
Porque eu, senhor, vivo à noite. Rio e caço suas preocupações na penumbra. Na verdade, você ignora tudo de mim e, para que você guarde uma lembrança certa, vou, antes de partir, me apresentar:
Na minha pequena comunidade de anões de jardim eu sou o responsável pelos churrascos que acontecem toda noite no canto da rua Pastel (você entende agora por que a lanterna da rua Pastel desapareceu?). Pela minha função, me chamo "churraskek". Começamos as festividades com o banquete que trago da véspera. Graças a meus amigos, compreendi que numa comunidade é muito importante se conhecer e se compreender. Sim, senhor, nossa comunidade tem princípios. Alguns deles se parecem com os seus "direitos do homem". Existe também uma escola onde aprendemos como conseguir passar o tempo durante nossos longos dias que se tornaram insuportáveis. – Fiona

CARTA DE ADEUS 10
Querido mestre, já que fiquei trancada aqui no seu jardim monótono, agora vou viajar, vou conhecer o mundo. Você pensa que sua vida tem um sentido e que sou sua escrava, sua propriedade. Pois bem, saiba que fico é rindo ao te ver vivendo assim. Toda noite você me tranca nessa casinha, não vê nada e se acha muito esperto com seu olhar superior. Sorrio noite e dia, sempre ao ar livre tomando chuva, mas por dentro me enfureço. Não passo de uma anã, quero aprender as artes, as línguas, a música. Vou encontrar meus semelhantes. Não suporto mais te ver, você e sua família,

me lançando esse olhar de satisfação, me carregar nos braços e me deslocar como se eu lhe pertencesse. Se você soubesse há quanto tempo espero por esse momento. É a inversão da situação, sou eu que o abandono, humano estúpido, e você se acha mais forte, hein! Você acha que sabe tudo do mundo! Você só merece meu desprezo. Vou pelos caminhos viver minha vida de boêmia, viver uma vida de artista… Adeus. – Sofia

CARTA DE ADEUS 11
Bye, bye,
É isso aí, parti, mas tenho certeza de que não sentirei saudades. Talvez até você já tenha me esquecido. Você nem liga mais para mim, meu gorro estava cheio de cocô de pombo e minhas botas estão estragadas pela chuva. Não faz mal, não guardo rancor, você parecia sempre tão ocupado e nunca estava em casa, e, depois, foi graças a você e à sua influência que reencontrei minha liberdade. Não mais esse imenso jardim sem coração, não mais o barulho das podas de jardim, nada, o silêncio, a liberdade. Mas mesmo assim eu lhe dou um presente. Deixo meu gorro vermelho de lembrança, pois espero que às vezes pense em mim. Isso vai provar, pelo menos, que você tem coração. Sabe, fazia vários dias que eu estava no chão, por causa da violência de um temporal que a semana passada me derrubou de verdade. Eu pensava que você iria perceber e me colocar de novo no meu lugar… Mas tudo bem, não faz mal. Parto dizendo: "Força aí, para seguir com a sua vida". – Maud

CARTA DE ADEUS 12
Vou embora, sei que vou fazer você sofrer, sei, porque compreendi o olhar que você me lança todas as manhãs e tardes quando me vê imóvel na merda do meu jardim. Você me perdoará um dia, mas na realidade

isso não tem a menor importância, pois finalmente sou livre, livre enfim para descobrir esse mundo que esconde tantos outros jardins e tantos outros anões. Você sabe, você me fez sofrer, deixando-me sozinho, sempre sozinho, sem nenhuma companhia, era horrível. É portanto certamente por vingança que me vou. Então, adeus, meu querido mestre, adeus... – Eeva

CARTA DE ADEUS 13
Meu querido mestre, faz vinte anos que moro no seu jardim. Você sempre me tratou muito bem, me lavando, dando meu cantinho. Éramos felizes, os dois. Mas, veja só, não sei que loucura ou que desejo o levou a fazer isso, mas, desde que você trouxe o "Pongo", vivo um inferno. Ele me mastiga a cabeça o dia inteiro, faz buracos e me enterra. Será que não representei muito bem meu papel de anão e você resolveu zombar de mim? Seja qual for a resposta, me vou, minha decisão está tomada. Um amigo meu vai me abrigar por algum tempo no seu galinheiro. É lamentando bastante que o deixo, mas a situação é inviável. Vocês, os humanos, só veem o que querem ver e, no entanto, veem muito bem que meu gorro está todo mastigado. Foi você mesmo que me desenterrou na quarta-feira passada. Sei que, se for esperar por você, vou acabar no fundo da garagem. Então, adeus. Seu devotado anão de jardim. – Marie

CARTA DE ADEUS 14
Adeus, vou embora.
Não é contra você, você até que é um humano bonzinho. Mas a vida no seu jardim não me interessa mais. Estou entediada. E, depois, estou cheia de viver aqui: faz frio, chove muito, seu cachorro está toda hora mijando em cima de mim e você não reage. Quero descobrir o mundo e conhecer outras pessoas. Por que

você nunca comprou outro anão? Não suporto mais essa solidão. Não fique magoado comigo. Voltarei um dia, não estarei sozinha. Adeus. – Amélie

TEMA DE ESCRITA:
OS ANÕES CONTAM SEUS SOFRIMENTOS

SOFRIMENTO 1
Chega! Estou de saco cheio! No começo, tudo me divertia, mas, agora, vivo um verdadeiro calvário. Faz três anos que isso dura e não aguento mais. Vivo no jardim do meu mestre e isso já é, de saída, uma situação desconfortável. Esse jardim é um inferno. O gramado nunca é cortado e, às vezes, o mato sobe até meus joelhos. Além de tudo, faz uma escadinha muito prática para os insetos chegarem até mim. Meu mestre teve a boa ideia de me colocar perto da cabana reservada aos passarinhos – Santo Deus! Mas o que é que ele acha, esse aí? Que são os melros que picam as migalhas de pão? É claro que não, droga. São essas formigas infernais! Argh! Odeio esses bichinhos, são meu pior pesadelo. No começo eram bonitinhas, mas agora fizeram um complô, é isso mesmo, um complô contra mim. Elas vêm logo de manhã e começam a escalar devagarinho a minha bota. Elas fazem fila e invadem todo o meu corpo, sinto sua agitação, correndo por toda parte a toda velocidade para me deixar louco! Aiii! Eu, como tenho muita cócega, sofro! E elas, essa pestinhas, elas se divertem. Um exército inteiro contra um pobre anão que tem cócegas! Aiii! Essa não! É fácil fazer cócegas num pobre nanico sem defesa. À noite, escuto sua conversa: "Amanhã vamos subir de novo no anão, a gente se diverte…". Patati, pata-

tá... Impossível escapar delas, estou à beira do abismo. Chega de formiga, chega de cócegas! – Carine

SOFRIMENTO 2
Primeiramente, permitam-me explicar minha situação geográfica. Moro no jardim de uma casa situada bem no centro da cidade. Os meus proprietários, quando me compraram, tiveram a ideia de me colocar embaixo da árvore do jardim. Até lá, vocês diriam que eu não tenho do que me queixar. Pombos também resolveram fazer dessa árvore seu domicílio, e sabe Deus que eles proliferam no centro da cidade. E se fosse só isso... Mas meus mestres, comovidos por esses tenebrosos galináceos, decidiram instalar um comedouro! Desde que foi instalado o comedouro, minha vida se tornou um calvário sem fim. Para ser franca, os pombos são seres nojentos, sem qualquer interesse... Esticam a cabeça, encolhem o pescoço e assim vão andando ao sabor desses movimentos... E seu único objetivo são as migalhas! A busca constante de migalhas dá o ritmo do seu andar. Passam a vida a procurar migalhas. Uma colônia de exploradores de migalhas bem em cima da minha cabeça. Essa imagem me deixa obcecada. Escuto seu arrulhar, suas asas batendo no ar. Escuto-os saltitando em busca de migalhas. Percebo até o barulho do seu bico comendo as migalhas. Penso até em termo de uma doença mental, estou ficando louca. O que me deixa ainda mais enfurecida é sua maneira de me provocar, deixando cair no chão as provas de sua jornada... Seu cocô horripilante! – Sofia

SOFRIMENTO 3
Meu dono, todos os anos foram extraordinários ao seu lado. Não pense que eu não te amo. Mas, para dizer a verdade, tem uma pessoa que amo mais do que você. Oh, acho que até você já notou, a linda anã do

jardim da frente. Há alguns meses, uma noite em que você dormia como um bebê, ela veio me encontrar. Sob o brilho das estrelas namoramos e desde esse dia nosso amor é verdadeiro como nos contos de fada! A escolha foi bem difícil, ah, meu querido dono, mas os olhos amarelos de minha anã são mais fortes do que o seu bigodão e sua pança imensa. Essa é a razão pela qual, depois de tantos anos de vida comum com você, preciso deixá-lo para encontrar minha anã adorada. Pensamos em partir em lua de mel, você pode então me escrever no endereço de um amigo que vamos visitar:

O anão louco

Jardim do senhor Chantenil

Perto da porta

Obrigado mais uma vez pelos anos loucos. Vá em frente, teu anão jardineiro. – Carine

SOFRIMENTO 4

Meu nome é Pascoalina e estou com um grave problema. Minha vida é muito simples, vivo só nesse jardim há seis anos. É o jardim mais bonito desse bairro, tem sombra, flores por todo lado, o gramado é bem cuidado. Meus donos me enfeitam, me limpam, me penteiam, me colocam na cabaninha se chove muito ou quando tem um temporal. Vocês estão se perguntando qual é o meu problema. Meu problema são os netos dos meus donos. Como eu os detesto! Quando estão aqui, gritam, acham muita graça em fazer guerra de água, mas, acima de tudo, seu passatempo favorito é brincar comigo! Desenham por cima de mim, tentam me arrancar um braço, me enterram... Em resumo, vivo um verdadeiro inferno. Assim que os escuto, sabendo o que virá, fico com medo deles. Já me preparo para viver uma semana horrível, a pior do ano: Natal! Todos os netos estarão aqui. Não sei se conseguirei atravessar mais uma vez esse período. Oh! Meu Deus, eles chegaram, já estou escutando... – Amélie

SOFRIMENTO 5
Bom dia, meu nome é Francine e sou alérgica a minha dona, enfim, para ser mais precisa, sou alérgica a seu cheiro. Todos os dias, quando ela faz a ronda do jardim, senta-se a meu lado e aí começa a tortura. No começo, é apenas um cheiro de desinfetante de banheiro misturado com canela que me faz muitas cócegas nas narinas e depois, à medida que os segundos e minutos vão se escoando, o odor vai se tornando cada vez mais insuportável, a canela do começo me sobe à cabeça, transforma-se num amálgama de excrementos sabe--se lá de que porcaria. Vocês sabem aquele cheiro que se sente já bem forte antes de entrar num chiqueiro? Então tenho vontade de vomitar ou de fugir o mais longe possível desse odor que me acompanha o dia inteiro, e que não quero. Ela deve saber que sou um ser vivente, que sei dançar e cantar, então só me resta esperar, e aí, depois de um tempo, ela vai embora dar comida ao seu velho. Ufa! Estou de saco cheio, que inferno, sei que amanhã ela virá. – Maud

SOFRIMENTO 6
É a história de um anão de jardim que era alérgico a água. Morava numa pequena granja reformada por seus novos habitantes. O anão que fala: "Meu nome é 'Plok'". Por que esse nome estranho, me perguntarão vocês. Bem, digamos que ele me cai bem. Meus donos antigos eram um casal velho de agricultores, um tanto fragilizados pela idade mas de uma valentia a toda prova. Jeannette, a agricultora, ia todo dia ao estábulo para ordenhar as vacas e depois recolhia os ovos ainda quentes do galinheiro. Ah! Sim, havia esquecido de lhes dizer que moro na Bretanha e que chove o

tempo todo, então eu saboreava o mais mínimo raio de sol que me secava. Fui outrora o mais belo anão da região; me chamavam de "Arco-íris". Quando minhas cores ficavam muito desbotadas, Roger passava o dia inteiro me pintando e eu saia do ateliê novinho em folha. Mas bem se sabe que todas as boas coisas têm fim um dia; os dois velhos morreram ao mesmo tempo e a granja ficou vazia e morta. Um dia uma família veio visitar a casa e se apaixonou à primeira vista. Mas, sendo os dois profissionais de alto nível, que pelo que pude entender têm empregos muito valorizados entre os humanos, não tinham tempo de se ocupar das plantas, da grama... No entanto, nos dias de chuva dava para molhar tudo, só que não chovia o tempo todo e eles se preocupavam caso o gramado secasse. Instalaram um regador automático que ligava quando não chovia. Ironia do destino, talvez, eu estava no lugar exato onde os jatos se encontravam, sendo portanto molhado duas vezes mais. Pouco a pouco minhas cores foram desbotando até desaparecerem por completo. Estou molhado o tempo todo; se não é a chuva são os regadores... Meus amigos zombam de mim e me apelidaram de "Plok", pois deixo um rastro de água atrás de mim. – Marie

SOFRIMENTO 7

Meu nome é Chubab, mas faz cinco anos, sim, cinco anos, que me chamo "Gasolina". Ah! Esse cheiro horrível, que fica nas minhas roupas bacanas, óleo de carro, diesel, recebo tudo que passa na rua, sim, pois meus donos me colocaram do outro lado do jardim. Sei que a intenção foi boa, sou bonito, inteligente e eles têm orgulho, querem me mostrar para todo mundo, e eu os compreendo, mas, enfim, de todo jeito, poderiam ter refletido antes de me colocar justamente ao lado da estrada. Pois ao lado da estrada, bem ao lado dos carros, que já são feios só de se olhar e, além de tudo, fedem a quê? Gasolina! Estou cheio de espinhas e meu gorro está todo negro. É uma verdadeira catástrofe, um pesadelo. Nem por isso eles me lavam mais, pois compraram um segundo carro... Sim, sim, um segundo carro e é ele que eles lavam no meu lugar... Oh, o vadio é feio e fede, não sei mais o que fazer. Tenho a impressão de que essas coisas de quatro rodas vão me substituir mais dia menos dia. Muito bem, quando esse dia chegar, o mundo estará fedendo. – Eeva

SOFRIMENTO 8
Ele me exaspera, chego a acreditar que faz de propósito! É isso aí. Ele faz de propósito, me faz mal automaticamente, ele sabe muito bem que eu o detesto, isso lá é verdade, não sou paranoico! Acho simplesmente lamentável que adote tal comportamento. Sou um anão que ama a limpeza, um anão maníaco por limpeza, que detesta sentir a sujeira se sedimentando pouco a pouco sobre mim. Mas o que é que isso pode lhe custar, me limpar pelo menos uma vez ao dia? Nada disso, o "boyzinho" prefere sair, ver os amigos, galinhar por aí. Como se vê, não sou nada para ele. Por que me comprou então, se é para me deixar num canto todo engordurado? Não gosto disso! Quero cheirar bem, como antes, cheirar a produto para vidros e superfícies brilhantes. Quero brilhar como o sol. Estou todo pálido, estou fedendo, estou largado, e isso... Isso... Decididamente não é mais possível. Sou um romântico que gosta de agradar as mulheres, mas como seduzi-las com essa cara de mendigo? Mas o "boyzinho" se faz de cego e nem bom-dia me diz mais. Então só lhe resta me jogar no lixo, nazista imbecil! Você acha que estou sorrindo para você? Meu rosto é parado, não há o que fazer, mas, se eu começar a falar, você verá que eu vou lhe passar um sabão, velho idiota! – Lucie

SOFRIMENTO 9

Preciso desabafar, é urgente! Vou me apresentar: sou um anão engessado no jardim dessa satânica senhora Marguerite. Digo satânica, pois trata-se de uma mulher mundana que adora os convidados e suas milhares de visitas, noitadas regadas a bebidas e terríveis algazarras. Já me aconteceu de me encontrar às seis horas da manhã fantasiado de "cantora de cabaré". Aquela noite eu tinha uma desculpa, eu tinha baixado a guarda. Cansado do tumulto da festa, dormi e logo aprontaram comigo... Eu, que tenho muito orgulho da minha velha barba, me encontro sem calças com uma peruca loira e pintura no rosto, que humilhação! Sou um anão, um anãozinho atarracado e quieto que só tem por aspiração ficar contemplando os humanos, e não o lazer leviano de minha dona, essa vadia. Se ela soubesse! Oh, meu deus! Só desejo vingança. Me fantasiaram de cantora, pois da próxima vez vou cantar então... Ai, minha terrível dona, a que ponto eu a odeio... Você é uma mulher triste que mereceria se tornar minha esposa para ser emplastrada ao meu lado, com sorriso forçado e malvestida. – Fiona

SOFRIMENTO 10

Ai, ai, ai, que pobre anão sou eu! Estou exasperado desde quando meu dono me mudou de lugar e me instalou no jardim na frente da casa à sombra da castanheira. Antes eu estava num lugar tranquilo, ninguém me perturbava. Mas, depois que fui colocado na parte da frente da casa, a castanheira me ofusca: agora a vedete é ela. Ela fez do meu jardim o seu território. E deixa cair suas castanhas e, claro, suas cascas cheias de espinhos me impedem de viver. Já perdi a conta do número de vezes que me machuco aparando espinhos no meu lindo gorro vermelho. Arranham meu rosto inteiro e nunca aparece ninguém para tratar de mim.

Estou tão triste. Mas agora o ódio substituiu minha tristeza. Se eu pudesse destruiria todas as castanheiras do mundo, e é claro que não estou sozinho nessa situação. É por isso que decidi fundar uma organização contra os ataques de espinhos das cascas das castanhas. Não, mas isso é muito louco mesmo, meu jardim infestado, todo sujo! À noite fujo e vou encontrar meus camaradas. Eles me compreendem. Tentei falar com meu dono, mas ele nem quis saber de nada! Esses humanos nojentos só querem saber deles mesmos, mas eu me vingarei... Com a minha organização, logo estaremos prontos! A destruição das castanheiras vai começar dentro de uma semana. E nenhum humano sobre a Terra será capaz de fazer alguma coisa. Todos os dias tenho que suportar esse calvário. Agora é tempo de vingança. – Sofia.

SOFRIMENTO 11

Não posso mais viver nessas condições, sinto-me oprimido com você me olhando todos os dias das três horas da tarde às seis horas da noite... Não posso mais! Você me olha sempre com o mesmo olhar de piedade e de compaixão como se eu fosse um simples objeto sem alma. Você não me considera, não reconhece meu valor. Não sou uma coisa, sou um anão de jardim, sou "o" anão de jardim mais respeitado do seu horrível jardim cheio de ervas-daninhas e flores murchas! Não preciso de sua piedade. Ao contrário, deixe-me ter piedade de você, pois você bem merece: você é estúpido, desinteressante, não serve para nada. Você é humano? Pois bem, você não vale mais do que eu! Pronto, então vou partir, está decidido, daqui pra frente você deverá olhar para outro ser, acabou, já sofri demais. Deixo-o viver sua vida desvirtuada, sua vida miserável, sua vida monótona de dar sono. Adeus. Adeus. Encontre um outro escravo, uma outra propriedade! – Lucie

SOFRIMENTO 12

Meu nome é Jacqueline. Tenho um temperamento calmo e afetivo, no entanto, agora, estou no fim das minhas forças! Basta de sorrir, de fazer de conta que tudo vai bem, de ser feliz quando se tem um trator rodando à sua volta durante duas horas por dia. Eu, Jacqueline, anãzinha de cerâmica, protesto, me revolto! Sou completamente alérgica a esse trator, à sua cor amarronzada, ao seu barulho que ultrapassa largamente o nível do suportável e que me fura os tímpanos! É isso aí, eu também tenho ouvidos, eu também tenho tímpanos, mas, se isso continuar assim, logo não terei mais quase nada. É preciso dizer que meu dono adora utilizar seu trator e fazer seu passeiozinho cotidiano cantando (melhor dizendo, vociferando!) o hino nacional. Ele deve, enfim, se sentir bem, ter a impressão de que ele controla alguma coisa. Mas estou esgotada, todos os dias às dez horas é a mesma lenga-lenga: eis que o vejo sair da garagem com camisa de futebol e montar no seu ignóbil trator que vem direto em cima de mim. Toda vez tenho medo de que ele não me veja e tenho vontade de gritar: "Ei! Oi!! Atenção, estou aqui!!!". E ele contorna bem rente a mim. A terra treme toda, minha visão fica toda embaralhada e não sinto mais nem um pedacinho do meu corpo. Falando claramente, quase morro todo dia às dez horas da manhã. Estou deprimida, mas não se preocupem, já estou fazendo terapia! – Juliet

SOFRIMENTO 13

Vou avisando logo de cara que tentei de todas as maneiras impedir que esse rangido chegue aos meus ouvidos. Tentei dobrar a borda do meu gorro, me colei entre o tronco da castanheira e o ombro do leão de cimento. Coloquei o balde de adubo na minha cabeça, mas não tem jeito: apesar do meu apelido, "Superbastiano", não consigo evitar escutar o barulho do cascalho que me faz ranger os dentes. E, além de tudo, tenho a impressão de que o meu dono sente um prazer perverso ao me infligir essa atrocidade. Ele passa e repassa na minha frente, de repente com o cachorro, de repente com sua mulher que pisa o chão com vontade e duplica meu interminável calvário. – Anaïs

SOFRIMENTO 14
Bom dia, crianças! Sou eu o anãozinho Moctar! O anãozinho que adora histórias! Oh, estou bem infeliz, vocês sabem. Posso suportar tudo: o vento, a chuva, a neve. O vômito do adolescente que volta de uma balada, tudo, estou dizendo, mas tem uma coisa que acho repugnante... São os outros anões. Com seu arzinho mesquinho. São insuportáveis, sobretudo o maior, com sua jaqueta verde: Yann, acho. Seu cheiro de terra cozida me dá um enjoo, seu chapéu vermelho é ridículo e fora de moda, seus carrinhos de mão nem podem andar. Não são meus amigos e, de todo modo, não me convidam nunca para brincar com eles, mas não faz mal porque prefiro a companhia de vocês, as crianças. Vocês pelo menos gostam da bela terra cozida, do meu chapéu vermelho moderno e do meu carrinho de mão Tuning. Até logo, minhas crianças, para uma nova história do anãozinho Moctar, o anãozinho que adora histórias. – Malick

SOFRIMENTO 15
Apresento-me. Me chamo Acácia e sou uma anã florista. Vivo no jardim de uma família simpática que gosta da natureza, das árvores, das plantas, das flores. Mas vejam só o meu problema: sou alérgica às flores e ao pólen. Carrego nos meus braços um enorme buquê de flores que me pica os olhos, o nariz e as orelhas durante o dia todo e a noite inteira. Não tenho um momento

de respiro. Mas o buquê não é meu único problema… Minha dona tem uma paixão: a natureza e, em particular, as flores. Suas flores, suas flores… Espalha flores por todo lado, mas, é sério, por todo canto! O jardim parece um viveiro, parece até que ela tem uma criação!!! E ali fico eu, no meio disso tudo, chorando por causa dessa alergia o dia inteiro… Confessem, podem confessar que é o cúmulo para uma anã florista ser alérgica a flores! Mas vão dizer isso ao meu criador… Resumindo, sou uma coitada.

Já ia me esquecendo, tem aquela grande árvore lá longe, que me olha o dia inteiro rindo, ah, ela me irrita mais do que tudo. Ela exibe sobre suas folhas milhões de flores rosadas e brancas na ponta, como milhões de pequenos aventais. E, quando chega a primavera, penso que vou morrer! Não posso respirar; então, em silêncio, espero meu fim… O inverno. Então, esperando, tenho pena de mim mesma… Pobrezinha da Acácia, anã florista e alérgica a flores. – Gwendoline

TEMA DE ESCRITA:
ELOGIO AO MEU ANÃO

A partir da frase
"Pois o anão não é um objeto, é alguém que se alimenta de relações de ternura e magia…"

ELOGIO AO MEU ANÃO 1
Meu anão é extraordinário.
Não posso mais viver sem ele.
Não posso mais viver sem seu sorriso, sem seus olhinhos cintilantes que me apoiam em todos os momentos da minha vida.

Vamos compará-lo a um cachorro. Um gato perde seus pelos, arranha os sofás, é folgado, exige ser alimentado em horas fixas.

Um anão é afetivo, doce, facilmente transportável, um anão só precisa de uma guloseima de vez em quando. Uma pequena atenção acompanhada de uma grande afeição. Mas pouco importa, um anão é antes de tudo um grande amigo sempre pronto a me seguir em todas as minhas aventuras. – Anaïs

ELOGIO AO MEU ANÃO 2

Gosto do meu anão. Não, é muito mais, admiro meu anão!

Não tenho nada contra os outros anões, aliás, os da minha vizinha são simpáticos, mas o meu anão é excepcional! Nossa relação é única, foi por isso que eu troquei minha mulher por ele. Mas não se preocupem, ela já encontrou alguém. Às vezes passo horas diante dele, a observá-lo. Sinto que ele se comunica comigo, é uma verdadeira fusão homem-anão. Lembro-me de uma época em que ele tocava piano de pé... Isso para vocês pode ser apenas um detalhe, mas, para mim, isso tem muito significado, isso quer dizer que ele era livre, feliz de estar aqui apesar de tudo. Meu médico quer me internar, mas ele não me compreende: esse anão é minha vida! – Malick

ELOGIO AO MEU ANÃO 3

Por que prefiro meu anão mais do que meu cão? Ele me fascina. Passo dias inteiros a contemplá-lo e me pergunto se ele é um ser vivo, se ele me escuta e me compreende. Prefiro falar com meu anão mais do que com meu cão, pois o cão certamente não entende nada. Acontece até de eu fantasiar em relação ao meu anãozinho: ele é minha propriedade, meu pequeno ser, meu confidente, minha coisa. Pode ser tudo o que desejo que ele seja. Parece sempre indiferente ao meu discurso, o que às vezes me provoca uma fúria indesejada. Pois bem, é claro, tenho vergonha de estar obcecado por uma coisa que às vezes é animada e outras vezes é inanimada. – Fiona

ELOGIO AO MEU ANÃO 4
Senhor delegado,
Proprietário de um anão de jardim há oito anos, desejo informá-lo do seu desaparecimento. Na verdade, dirijo-me ao senhor na intenção de que faça um cartaz avisando seu desaparecimento para que eu possa encontrar meu anão, em fuga há três dias agora. No momento de sua partida, meu anão me deixou uma carta explicando o motivo de sua fuga. Conta que foi em viagem de lua de mel com uma anã de olhos amarelos. Deixou-me um endereço onde encontrá-lo: "O anão louco, jardim do senhor Chantenil, perto da porta". Não sei se esse endereço esdrúxulo poderá ajudar na sua busca. Espero que sim. Senhor delegado, imploro que acredite em mim, esse anão e eu éramos muito próximos e espero que o senhor faça tudo o que estivera ao seu alcance para encontrá-lo. Estou preparado para pagar uma boa soma para que o meu anão me seja devolvido são e salvo. Além disso, senhor delegado, penso que é inútil fazer queixa contra essa canalha de anã que desencaminhou meu anão. Espero que ela seja severamente punida por seu comportamento inadmissível. Tenho confiança em sua competência. Anexa segue a carta de adeus que meu anão me deixou. Sinceros cumprimentos. – Carine

ELOGIO AO MEU ANÃO 5
Tive uma vida dura. Sempre sozinho, com alguns relacionamentos amorosos desastrosos. Um trabalho pouco valorizado, uma vida social muito limitada. Em

suma, vivo numa solidão e numa tristeza cotidianas, estou completamente desorientado. Um dia, chegando em casa, depois de passar horas bebendo, sozinho num bar, encontro uma coisa estranha no meu jardinzinho. Aproximo-me e vejo que é um anão de jardim! Ele me sorri, com um olhar tão cheio de ternura... Ninguém jamais me havia olhado assim. Levei-o para casa, sentei-o à mesa e contei-lhe tudo, todo o meu drama, todos os meus problemas... Ele me conhece totalmente, sei que ele sempre estará aqui ao meu lado. – Sofia

ELOGIO AO MEU ANÃO 6
Ele está presente e ausente ao mesmo tempo. É estranho, mas, quando se está feliz e tudo vai bem com a nossa vidinha, não o vemos nem percebemos que ele existe, e só passamos por ele com total indiferença. Mas, quando temos alguma tristeza, o anãozinho reaparece ao lado do vaso de flores, sorrindo e pronto para escutar todas as nossas desventuras. E, depois, os anões formam uma comunidade, um pouco como os Smurfs, e, à noite, antes dormir, a gente tenta imaginar sua vidinha longe dos humanos e dos olhares indiscretos. Então a gente dorme com um sorriso nos lábios pensando em nossos anões de jardim que se divertem loucamente lá fora e que devem falar bem mal da gente nas nossas costas. – Maud

ELOGIO AO MEU ANÃO 7
O anão é alguém que não nos abandonará jamais, apoiando-nos em nossos problemas, em nossas mínimas preocupações. Estará lá o dia em que sua mulher o deixar, o dia em que seu filho partir, o dia em que você perder um parente próximo. Vai reconfortá-lo com esse sorriso tão inocente e sempre presente. Sim, pois um anão de jardim está sempre sorrindo para a vida, e é por isso que são tão amados por nós! – Eeva

ELOGIO AO MEU ANÃO 8
Vivo só, meu marido me deixou. O dia todo sou criticada por isso ou aquilo, como se eu fosse responsável pela miséria do mundo. Finalmente encontrei alguém que me escuta. Seja qual for a situação, ele me sorri, me olha como se eu fosse a melhor pessoa do mundo. Às vezes, quando falo com ele, sinto uma atmosfera de estranha magia, como se ele me compreendesse e me respondesse. Não é raro ele me ajudar a resolver meus dilemas. Acho que sem ele me sentiria perdida. Se uma manhã eu abrisse as venezianas e não o visse mais... Ele e sua carinha estufada e as bochechas sempre rosadas. Contra a solidão, um anão de jardim é o remédio mais eficaz. Sonho em adotar um outro, mas isso permanece um projeto. Preciso refletir, mas não gostaria que ele se sentisse substituído ou abandonado. – Marie

ELOGIO AO MEU ANÃO 9
Anões, tenho exatamente trinta e dois, são meus filhos, meus queridos, minha ocupação, são toda a minha vida, amo-os e não posso ficar sem eles. Todas as noites é o mesmo ritual: a gente faz um círculo, a gente conversa, a gente brinca; eu os limpo, lhes dou um pedaço de queijo, pego um a um e os disponho cuidadosamente em sua grande cabana. Cada um tem sua cama, então vou passando e vou abraçando-os com ternura. Não tenho amigo humano, não gosto dos humanos e os anões me satisfazem. É uma relação mágica, simbiótica e apaixonada que nos une. Eles me adoram, eles me amam e às vezes chegam a dizer isso. São minha razão de existir, e sem eles não sou nada, não vivo mais. – Lucie

ELOGIO AO MEU ANÃO 10
Falo com ele, conto toda a minha vida para ele, sobretudo meus problemas. Por sua mera presença, ele me

conforta e me faz voltar a sorrir. Devo dizer que ele é engraçado, meu anão, com seu vaso de flores entre as mãos e seu lindo sorriso. Ele me faz relativizar as coisas, ele está sempre aí, ele me escuta, tenho certeza de que ele me escuta!

Meu anão é uma terapia para mim. E depois, com ele, não estou sozinha em casa. Quando vou cozinhar, levo-o comigo e, quando está um dia bonito, coloco-o ao ar livre no terraço. É mais do que um simples anão, é o "meu" anão, "meu" amigo. – Amélie

TEMA DE ESCRITA:
O MUNDO HUMANO VISTO PELOS ANÕES DE JARDIM

"Os anões" respondem a três perguntas:
1. Qual é a maior expressão da idiotice humana?
2. O que nós, os anões, poderíamos fazer pelos humanos?
3. Se vocês estivessem no lugar dos seus donos, vocês viveriam como eles?

AS RESPOSTAS DE LUCIE

1. A maior besteira que os humanos fizeram foi ter criado o mundo, ter feito ele evoluir até hoje! Todos sabemos que o criador desse mundo não é nem Deus nem o homem, é outra coisa, é que, de certo modo, foi o mundo que se criou por si mesmo. Até aí, tudo bem, tem as árvores, o oxigênio, os animais, os humanos... Um tanto reduzido ao estado de animal, certo, mas, ainda assim, humanos. Até aqui, tudo bem. Mas o homem se desenvolveu e esse é o problema... Ele, do mesmo modo, promoveu a evolução do mundo no qual ele vive... E

tudo isso para chegar até aqui? Tudo isso por um mundo que a gente está destruindo dia após dia... Um mundo tão bonito, cheio de riquezas, de natureza, de árvores, de florestas! Os humanos são uns idiotas, estão se autodestruindo... Eles não se dão conta ou o quê? Reajam! Despertem, eu suplico a vocês! Não posso conceber que meus netos e bisnetos vivam num mundo cujo clima será inviável, onde não haverá mais pássaros, onde o nível do mar aumentará dia a dia!

2. Muito bem, moçada, penso que temos duas soluções:

– ou a gente se vira para prender todos, matá-los, torturá-los, o que parece uma medida muito eficiente, mas talvez um pouco radical demais.

– ou a gente tenta mostrar-lhes por diversas maneiras que é absolutamente necessário que mudem seus hábitos de vida. Em todo caso, é preciso agir, os humanos sempre moles demais, acabou-se, não se pode fazer mais nada por eles, já estão perdidos, a única solução é agir no seu lugar, chamar a responsabilidade para nós. Só olham para o próprio umbigo, não evoluem mais, acabou-se!...

3. Viver como eles? Nem pensar! Não e não, vocês devem estar de brincadeira... Os filhos, os cachorros, os carros, o trampo, o metrô, a noite maldormida, não mesmo, prefiro morrer... Ai, não! Que vida de merda, francamente! Vida sem aventura, só rotina, sempre o mesmo dia a dia, nenhum voo mais alto! Não, impossível! Isso não é vida! É uma vida de velho! Uma vida de velhos estúpidos, é exatamente isso, uma vida de bovinos, de lontras! Vida inútil. Não, não e não! Jamais, jamais!!!

AS RESPOSTAS DE SOFIA 1

1. Não há uma ÚNICA maneira de circunscrever a estupidez humana. Com certeza há uma em cada cabeça! Seis bilhões das piores besteiras! Mas... São campeões de besteiras (eles poluem e isso me faz pensar que a indústria dos anões polui), matam a fogo brando o que lhes rodeia. Aliás, na verdade ele é bem idiota, ele destrói o que possibilita sua própria existência! O humano quer ter, quer ter, quer ter! E, para conseguir o que quer, mata!
2. Os humanos não se dão conta... Todos os dias fabricam milhares de anões de jardim! Todos os dias ficamos felizes porque nossa família cresce. Não se dão mesmo conta. Um dia seremos suficientemente numerosos para vencê-los, ou melhor, para salvá-los... Ah!... O dia do reino dos anões. Eles não serão mais os donos do mundo! Mesmo sendo poucos deles os que têm o mundo nas mãos... Quero dizer que o mundo não está nas mãos de todos os humanos. Mas, quando for a nossa vez, eles estarão em nossas mãos. Quando as criaturas imaginárias que somos estiverem no poder, os humanos serão bem mais felizes.
3. Não viverei como os humanos. Por enquanto, isso é verdade... Confesso, sou como eles. Mas quando nosso reino estiver consolidado... Aí então vou viajar! Vou percorrer o mundo para encontrar os anões de todos os horizontes. Vou ver os anões índios, os anões holandeses, os anões africanos, os anões latinos... É sobre isso que sonho no meu pedaço de terra.

AS RESPOSTAS DE MALIK
1. Bom dia, senhores e senhoras, eu sou um anão africano e não concordo em rigorosamente nada com esses humanos aí! Está tudo errado! Pois os humanos misturam *ketchup* com maionese, não dá mais, isso já é zombaria demais comigo! O *ketchup* é para a batata frita e a maionese é para o peixe, é isso aí! Isso é tudo, senão vou quebrar sua cara imediatamente e pronto!
2. Depois de muita reflexão... O tempo de reflexão me deu uma boa ideia! Vamos pegar todos os humanos e vamos trancá-los na garagem! Assim tudo vai entrar nos eixos. Não haverá mais problemas. Prendemos todo mundo e deixamos lá trancados. Menos as crianças e Michael Jackson porque eles têm tudo a ver e se dão bem.
3. Ah! Essa pergunta aí é difícil! Pensam que não tenho mais nada a fazer? Tenho que ir dar comida ao meu netinho! E depois vão comprar chocolate e vamos fazer um belo bolo! Vamos nos regalar!

AS RESPOSTAS DE CAUÊ
1. A maior das burrices humanas é complicar tudo! No tempo de nossos antepassados tudo era simples: para matar a fome, tinha a caça ou a colheita de frutas ou legumes.
A busca do saber, querer tudo compreender, é o que os leva à ruína, é o que lhes rouba a razão. Pela vontade de querer tudo compreender, acabam loucos. Ficam com medo e tornam-se agressivos e começam a querer pegar tudo para eles, a saquear o que não lhes pertence. Eles me enlouquecem. Todos, sem exceção, me deixam

loucos, fico com vontade de destruir todos eles, de arrancar a pele deles, de triturar seus ossos.
2. Então... É tudo muito simples. Todos devem ser aniquilados, assim acabam nossas preocupações, não encherão mais nosso saco com suas historinhas de fazer morrer de sono um duende, mesmo que esteja de pé e com raiva.
3. Não tem nem chance de eu viver como tais vermes. Seu cotidiano me dá náuseas, gosto de viver ao ar livre, viver em harmonia com a natureza, estar em contato com a terra, ter o sentimento de viver realmente.

AS RESPOSTAS DE YANN

1. Como um anão DJ, sou um aficionado pela música dos humanos. Minha maior fantasia é mixar numa boate humana. Tenho desejo de que os anões escutem o bom som humano e batam palmas. "Vamos lá! Batendo os pés no chão! Beleza!" (Esse é um pedaço da minha próxima obra). Só bemol, os humanos escutam Michel Sardou!
2. Matar Michel...
3. Eu, no lugar deles, prestaria mais atenção ao planeta e comeria menos amendoim.

AS RESPOSTAS DE ALGUÉM QUE ESQUECEU DE ASSINAR

1. Como posso responder a essa pergunta? Seria mais fácil responder se tivesse sido perguntado qual é a maior virtude humana porque há menos virtudes que vícios. Eu, o anão que usa óculos à la Elton John, me escondo atrás das lentes para justamente não ver tudo o que os humanos fazem. Ponho um véu no meu rosto e

é melhor assim. Mas acho que, se devo definir a pior idiotice humana, penso imediatamente no prazer que ele tem de infligir o mal. Isso é tipicamente humano, faz sofrer seu vizinho por outras razões que a sobrevivência. Nós, os anões, assim como todos os animais, não sentimos nenhum prazer em matar, não temos nenhum interesse em construir prisões onde há tortura, câmaras de gás, campos de trabalhos forçados ou bases militares para crianças onde se aprende a se tornar máquina de matar. Os humanos perdem seu tempo violentando seu próximo. No final, que satisfação pode se experimentar ao destruir uma vida? A vitória, que vitória? Uma vitória assassina e devastadora. A autodestruição da espécie humana parece ser o jogo preferido do homem.

2. É imperativo que possamos ajudá-lo! Para começar, poderíamos piratear seu objeto preferido, o que eles chamam de televisão, creio eu. Quem sabe não colocamos na televisão, que eles veem todos os dias, testemunhos de anões e curtas-metragens mostrando um outro estilo de vida. Se provarmos a eles que podemos ser felizes sem nos matarmos, talvez isso possa lhes dar vontade e talvez decidam viver como nós. Seria uma coisa muito desejável, penso eu.

3. Ah, não! De jeito nenhum! Nunca poderia viver como eles. Parece que eles vivem fechados numa bolha. Vivem girando em falso, e é isso aí, os seres humanos estão sempre girando em falso. Todo dia é igual ao anterior e ao seguinte... Como eu iria morrer de tédio se fizesse a mesma coisa todo dia. Sua vida é uma sequência infernal de repetições. Eu, no lugar deles, preferiria aproveitar a vida, colher avelãs

no bosque, partilhar momentos de felicidade com meu cachorro, ir dançar com a mais bela anã do bairro. E não me ater a todos os contratempos, tais como acordar às seis horas da manhã, quando ainda está escuro lá fora; sair para ir trabalhar, mesmo quando tem uma tempestade de neve; brigar com meu marido porque ele não fechou a porta do armário da cozinha ou ainda chorar porque Jean-Pascal abandonou Star Ac! Eu, se fosse humano, gostaria de viver sem esses problemas.

AS RESPOSTAS DE AMÉLIE

1. Uma coisa que não consigo compreender é sua indiferença a tudo. Ele está lá, assistindo à TV, sem dizer nada, sem pensar em nada, ele contempla todas as atrocidades, as desigualdades, as injustiças, mas ele não está nem aí se a coisa não o atinge diretamente, não entende que o planeta está quase explodindo, não está nem aí; ele não estará mais aqui para ver o final. Ele não entende que sua mulher está infeliz, ele também está chateado porque o seu time perdeu o último jogo. Ele não entende por que os homens vestidos de uniforme laranja desfilam e são assassinados na Birmânia. Ele não compreende nada, ele não quer compreender nada. É isso que eu critico nos humanos, eles não se interessam pelo que se passa no mundo.
2. Eu, como anão de jardim "Super-homem", salvo a vida dos meus amigos anões, mas ajudo também os humanos, com o auxílio valioso da minha parceira anã "Super-mulher". Nós dois formamos uma boa dupla. Não é sempre que podemos ajudá-los porque eles não acreditam

em nós. Meu amigo Jojo sabe como é isso porque ele cuida do seu jardim, e assim seu dono passa menos tempo no jardim e mais tempo com seus filhos. Em casa tentamos cada um fazer um pouco, mas é difícil.
3. Eu jamais viveria como eles! Ah, eles são muito idiotas. Nunca saem de casa, nunca se divertem. Ah não, eu, no seu lugar, sairia, me divertiria, aproveitaria a vida. Iria toda hora a concertos, comeria muito chocolate, teria muitas mulheres, beberia muito rum. Sua vida é muito regrada, os dias são parecidos, amanhã será igual a hoje, que é igual a ontem. No lugar deles, tentaria ter o maior número de vidas possível, buscaria viver o máximo de coisas em uma só vida. Assim, no dia em que eu morrer, vou ter a impressão de ter vivido mil vidas.

AS RESPOSTAS DE MAUD
1. Disseram que o homem possuía todas as capacidades necessárias para florescer, no entanto, desde sua aparição, a evolução não foi nem um pouco positiva. O homem colocou na cabeça a sede de poder. Sabendo que sua inteligência é superior aos outros seres vivos que habitam o planeta "azul", ele não titubeia em arrasar tudo que o impede de avançar na direção do seu objetivo; a traição, a mentira, a violência estão aí para ajudá-lo. O homem constrói fronteiras num território que pertence a seus milhares de habitantes, impedindo-os de circular livremente sobre a terra. O homem constrói imóveis, estradas, máquinas de lavar, úteis para o homem mas mortais para nosso planeta, que já está sufocado no meio de toda

essa poluição. E, entretanto, o ponto que não tem retorno já foi ultrapassado. Apesar de toda a inteligência que possui o homem, ele não consegue parar com todas as suas idiotices que o matarão de qualquer jeito.

2. Penso que o homem chegou a um ponto em que não consegue mais refletir sobre sua situação sozinho. Ele precisa que algum estranho venha lhe dizer onde está o desastre que ele criou.

O anão de jardim está presente em inúmeros jardins e é de toda maneira um espectador da vida do homem desde sua criação.

Se eu pudesse falar com ele, iria pôr os pontos nos is, diria a ele para parar um pouco com todas as opressões que inflige a si próprio para que pudesse simplesmente viver, respeitando os vegetais, os animais... Tudo o que o rodeia.

3. Creio que, se tivesse no lugar do meu dono, viveria de uma maneira totalmente diferente. Meus dias e minhas noites não teriam nada a ver com o tique-taque do relógio. Quando estivesse cansado, dormiria em algum lugar na sombra de uma árvore; quando estivesse me sentindo muito bem, ao contrário, não me infligiria a dura obrigação de forçar o sono, deitado na minha cama. Seguir meus desejos, é isso que eu farei.

AS RESPOSTAS DE SOPHIE

1. A maior forma de estupidez humana é a maneira como se encaixam numa rotina infernal, num ritmo de vida absolutamente louco! Eles têm acesso ao conhecimento, à descoberta das artes, pois bem, que bando de ignorantes! Eu mesmo fui criado numa família

que poderia ser chamada de grosseira! De manhã até de noite em frente daquela coisa que fala, a televisão. Quando escuto o papo deles, vejo que até eu sei mais do que eles, pois leio jornais, me informo. Não sabem nada de nada. Não é a única família de humanos que conheço, diria que é a décima. São todos iguais. Afe! Eles me enojam, ficam aí, todos me olhando com um olhar abobalhado e jogando peteca. Mas o pior de tudo é o trabalho. É inadmissível uma vida dessas: acordar bem cedinho, trabalhar até bem tarde da noite, num trabalho que eles detestam e que não lhes permite ter dinheiro suficiente para me comprar uma companheira. Não dá mesmo para entender e eu não os perdoarei jamais, são todos doentes da cabeça! E além de tudo nem felizes eles são! Então só tenho uma coisa a lhes dizer: bem feito para vocês, bando de idiotas!

2. Se há uma coisa que podemos fazer por eles, seria destruir todas as suas casas, todas as suas lojas, todos os seus cassinos... Para que voltem a um modo de vida natural! Eles destroem nosso planeta e são tão egoístas que nem ligam para a devastação do "nosso" meio ambiente. Com essa poluição, mal podemos respirar e, com todas essas cidades que se incrustam por todo lado, somos obrigados a viver no terraço de um apartamento, vocês podem imaginar? Seu modo de vida é absolutamente asqueroso. Então, se os humanos quisessem um dia nos escutar, é isso que eu lhes diria: PAREM COM ESSE MASSACRE! Façam como a gente e vivam na natureza, no meio das plantas... Ai, ai, ai! Queria tanto que eles me escutassem!

3. Eu, no lugar dos meus donos, levaria uma vida bem diferente. Eu me afastaria de sua sociedade

sórdida (depois de ter adquirido conhecimentos suficientes para poder refletir por mim mesmo). Faria música, sim, música o tempo todo! Mas, sobretudo, não entraria no seu nheco-nheco de todo dia! Antes morrer. Pegaria uma bolsa, comida e partiria... Iria percorrer o mundo, descobrir novas coisas... Ahhhh! Me livrar dessa terra que fervilha de humanos repugnantes...

AS RESPOSTAS DE JULIET

1. Para mim, a maior das burrices humanas é o racismo. Confesso que não compreendo, eu, como anão, que os humanos possam odiar ou ter medo uns dos outros. No final, dá tudo no mesmo, são todos iguais. Bem, pensando melhor, é justamente por não serem todos iguais que existe o problema. Quando aqueles que vivem na sua pequena redoma bem aconchegante subitamente encontram alguém diferente, pronto, a cor da pele não é a mesma, os pensamentos não são os mesmos, a língua não é a mesma, a cultura não é a mesma... Socorro! Minha redoma se desfez! É por isso que os humanos são idiotas. (E felizmente nem todos têm esse defeito.) Mas o pior é que eles não querem admitir que têm medo da diferença e preferem dizer que os outros são mais frágeis, de raça inferior ou, ainda, que são o pior dos piores. É que há humanos que são movidos pelo medo e que elegem chefes humanos que também o são! E depois os chefes humanos tomam decisões disparatadas. Tudo porque têm medo! É isso aí, todo mundo tem medo e as pessoas que têm medo, a gente pode fazer o que quiser com elas. Esses humanos, que sujeira, tem dó!

2. Tendo como ponto pacífico que os humanos são tudo menos limpos e que eles se preocupam bem pouco com seu planeta que é, se assim podemos dizer, o nosso também, poderíamos, nós, os anões, dar o exemplo recolhendo seus detritos. Poderíamos colocar essa sujeira em latas de lixo imensas, claro que separando o papel, o vidro e o plástico, deixando essas latas de lixos diante de suas portas! Talvez eles se conscientizassem de que são sujos e isso os faria reagir.
3. Para viver trancado como toupeiras, não, obrigado! Não entendo meus donos... Voltam do trabalho, colocam seus sapatos na sapateira logo na entrada, preparam um café na cozinha e bebem sentados no canapé diante de "A Roda da Fortuna", ficando abestalhados com as informações, e preparam uma bandeja para comer em frente à televisão durante a programação da noite: escolher entre "Os Especialistas", "Está Tudo Limpinho" ou "Decore Já!". Que programão! Depois vão guardar as bandejas, colocar a louça no lava-louças, tomar banho e se deitar. Que vida fascinante! Falando sério, isso dá vontade de ir se enterrar no fundo do jardim, dá mesmo!

AS RESPOSTAS DE FIONA
1. As crianças!!! Argh, não, a procriação... O problema verdadeiro do homem é ele mesmo, seus limites. Sua esplêndida razão – inigualável e incomparável – é em tudo superior à dos anões. É claro, já que é certo que os anões não pensam, aliás, nem falar eles podem. Você já viu um anão de jardim falar? Muito bem, esse é o problema! O homem é idiota! Não há o que

fazer! Essa pesquisa, mesmo que esteja sendo feita, será que vai servir para alguma coisa? Você já ouviu falar de alguma idiotice feita por anões? ... A idiotice é humana!
2. Penso que poderíamos nos organizar em grupos com nossas pás e carrinhos de mão, depois simplesmente irromper na casa de nossos donos, em sua intimidade, e expor-lhes nossa tese sobre eles e o que deve ser feito para que fiquem... Hã, hã... Menos bobos! Será que devemos falar tudo ou será melhor escrever uma carta? Você fala humano? Quem fala humano? Ninguém, então é isso!
3. Claro! Eu experimentaria todos os vícios humanos porque nós, os anões, não temos vícios, não sabemos nada sobre isso. Nós não estupramos, não matamos, não mentimos, não amordaçamos, não puxamos pelos cabelos, não grafitamos, não representamos comédia, não fumamos... O anão bebê não chora, o anão adolescente não cospe, o anão adulto é eternamente fiel à sua mulher. Constato todas essas coisas, mas não me afetam. Eu nunca passei a mão na bunda da vizinha, pode até ser agradável. E depois o homem é perverso mesmo, é impossível ser um homem tão virtuoso quanto um anão. Enfim, vocês vão notar que eu me revolto contra as coisas que eu seria incapaz de evitar se eu fosse um homem, daí o problema da procriação humana.

AS RESPOSTAS DE ANAÏS
1. Desculpe-me, eu não estava escutando. Ah! A maior besteira humana? Ops, vou poder dizer-lhes umas coisas. Não, porque, antes de ontem, Hum... Hum, oh... Mas eu esqueci de novo. Bem, pensemos o que aconteceu agora

mesmo faz três horas ou, talvez, quatro horas. Ah, nem sei mais. Vou dar um exemplo geral, assim tenho certeza de que vai dar certo. Mas... Qual era a pergunta mesmo? Ai, ai, ai, mil desculpas, isso me acontece o tempo todo.
2. Ah, essa aí. Tenho vontade mesmo é de dizer: não muita coisa. Não, mas falando sério! Será que você tem alguma recordação, uma que seja, de que um humano, pelo menos uma vez, tenha feito alguma coisa por um ano? Porque eu, por mais que procure, não acho nada. Não deixa de ter seu lado cômico e, francamente, a menos que minha memória tenha falhado de novo. O que me acontece muito, aliás. Lembro-me de que, uma vez, alguns anões tinham organizado um concurso cuja finalidade era... Oh! Mas por que estou falando disso? Sou mesmo inacreditável! Nunca consigo explicar direito e nuca chego até o fim com o que estou querendo dizer...
3. Essa pergunta é muito complexa. E isso me lembra ontem. Não, me lembra você agora há pouco, isto é, duas horas atrás, ou talvez quando você me fez a primeira pergunta. De todo jeito, já perdi a vontade de fazer qualquer reflexão. Já exigi demais da minha pouca memória.

AS RESPOSTAS DE ALEXANDRE
1. A maior forma de estupidez humana é a guerra que mata, cada uma delas, milhares de pessoas no mundo. A fome que atinge os países mais pobres do mundo.
2. Poderíamos nos reunir e todos juntos fazer uma barragem de anões.
3. Não, pois os seres humanos não vivem em paz e harmonia.

AS RESPOSTAS DE SABRINA

1. A maior estupidez humana é a guerra, pois ela mata milhares de pessoas inocentes, como crianças e mães de família... E também soldados que vão para a guerra, mas que raramente voltam para casa. Tem também o racismo. Somos todos iguais e temos direito às mesmas coisas, quer sejamos negros, brancos ou árabes. É preciso saber aceitar as diferenças de cada um.
2. Tem também os homens autoritários com suas mulheres, aqueles que as impedem de trabalhar, de sair, de encontrar seus amigos, que batem nas mulheres. Acredito que nenhum homem tem o direito de impedir sua mulher de fazer o que ela quer e nem tem o direito de impedi-la de sair com outras pessoas fora ele.
3. Os anões deveriam mostrar aos humanos seus defeitos, deveriam filmá-los uma semana inteira e utilizar suas magias neles para obrigá-los a mudar.

AS RESPOSTAS DE EEVA

1. Sua maior estupidez é de sempre querer mais, de nunca estarem felizes com o que eles têm, sobretudo no aspecto material, mas também no lado afetivo. Vejam o exemplo bobo dos meus donos. Todo dia a mulher do meu dono volta do trabalho com bolsas cheias de roupas e de besteiras que ela joga no seu armário e meu dono, ele, vejam só, ele acaba de comprar um carro novo, mas seu carro antigo andava muito bem! Vejam bem! Eles fazem uma questão enorme de ter coisas sem qualquer importância. O que acontece quando um dos dois tem uma ideia de possuir um bem material ou sentimental

mais importante? Muito bem, posso garantir que é uma catástrofe total. Cada um por si e finalmente ninguém ganha, pois no fim eles acabam morrendo de todo jeito e perdem tudo. E aí a mesma idiotice começa na geração seguinte e assim por diante... Ninguém pensa em parar um pouco e aproveitar, aproveitar o momento presente e tudo que eles têm?...

2. Que poderíamos fazer pelos humanos, nós, os anões de jardim? Sinceramente penso que não podemos fazer nada! Se ajudarmos um deles e der certo, quando formos embora, enquanto estivermos ajudando outros, uma pessoa do seu meio já colocaria mil outras besteiras em sua cabeça! Não há nada a fazer por eles, estão ferrados, ponto e basta!

3. Oh, se estivesse no lugar deles faria melhor, ooooh, sim, muito, muito melhor. Em vez de ficar emburrado durante uma noite pelo arranhão que alguém fez no carro ou quando a máquina de café não funciona no trabalho ou quando a criança mostrou uma nota baixa no boletim... Eu, é verdade, eu ficaria injuriado pelo menos durante um mês. E digo bem "pelo menos", porque não sabem do que sou capaz, eu sempre fiquei injuriado e sou muito bom nesse jogo!

DADOS INTERNACIONAIS DE CATALOGAÇÃO NA PUBLICAÇÃO (CIP)
(CÂMARA BRASILEIRA DO LIVRO, SP, BRASIL)

Visniec, Matéi
  Pesquisa sobre o desaparecimento de um anão de jardim /
Matéi Visniec; tradução Luiza Jatobá. – São Paulo:
É Realizações, 2013. –
(Biblioteca teatral - Coleção dramaturgia)

Título original: Enquête sur la disparition d'un nain
de jardin
  ISBN 978-85-8033-115-8

1. Teatro francês (Escritores romenos) I. Título. II. Série.

13-01896   CDD-842

ÍNDICES PARA CATÁLOGO SISTEMÁTICO:
  1. Teatro : Literatura francesa   842

Este livro foi impresso pela Gráfica Vida & Consciência para É Realizações, em março de 2013. Os tipos usados são da família Sabon LT Std e Helvética Neue. O papel do miolo é alta alvura 90g, e o da capa, cartão supremo 250g.